Coffret

コフレ

フランス語基礎単語集

Kaori SUGIYAMA
Atsushi NOZAWA
Mariko HIMETA

Editions ASAHI

まえがき

フランス語でまず覚えておきたい1742語を集めました。勉強をはじめたばかりの人、基礎（A1, A2）レベルのまとめをしたい人のための単語帳です。

毎日の暮らし、学校や仕事のなかで、かんたんなフランス語でやりとりをする時によく使うものばかりです。

各章は、3つのパートに分かれています。「🐈」の付いた初めのパート（2ページ）は、もっとも使用頻度が高い単語です。フランス語をはじめたばかりの人は、この2ページをまず覚えていきましょう。「🐈」と「🐈」のページも順に身につければ、コミュニケーションはより豊かになるでしょう。各章のおわりには、力だめしのクイズを付けました。

いつも単語帳を開くのが楽しみになるようなイラストもたくさんあります。

Travaillez bien et amusez-vous bien !

著者一同

♪ 音声はこちら

https://text.asahipress.com/free/french/coffret/index.html

目 次

1 国籍・職業 …………………… 2
2 家族・人間関係 ……………… 8
3 趣味・レジャー ……………… 14
4 食材 …………………………… 20
5 食・その他 …………………… 26
6 天気・自然 …………………… 32
7 移動・交通 …………………… 38
8 街 ……………………………… 44
9 建物 …………………………… 50
10 生活雑貨 ……………………… 56
11 衣類・色・形 ………………… 62
12 顔・身体・人の特徴 ………… 68
★ 数詞 1〜20 …………………… 25

13 体の具合・病気 ……………… 74
14 感情 …………………………… 80
15 一日の行動 …………………… 86
16 学校・勉強 …………………… 92
17 事務手続き …………………… 98
18 お金・仕事 …………………… 104
19 政治・経済 …………………… 110
20 時・頻度 ……………………… 116
21 量 ……………………………… 122
22 あいさつ・その他 …………… 126
文を組み立てるための規則 …… 132
索引 ……………………………… 138

凡例

名男	男性名詞
名女	女性名詞
複	主に複数形で使われる
動	動詞
形	形容詞
あいさつ	あいさつにつかうフレーズ
前	前置詞
副	副詞
成句	成句・語法・熟語などの決まった言い方

代名	代名詞
不定詞	動詞の不定形
表現	会話でよく使う言い回し

男性形と女性形が異なる名詞や形容詞、代名詞は下記のように示しています。
・形が異なる場合：男性形，女性形
・男性形にeをつけると女性形になる場合：男性形(e)

♪ 1-2

1 国籍・職業
Vous êtes d'où ?

	名女	**nationalité**	国籍
	名男	**pays**	国、(国内の) 地方
	名女	**origine**	出身
	名	**étranger, étrangère**	外国人 (形 外国の)
	形	**natif, native**	ネイティヴの (de~ ~生まれの)
	形	**japonais(e)**	日本(人)の (名 日本人、名男 日本語)
	形	**chinois(e)**	中国(人)の (名 中国人、名男 中国語)
	形	**coréen, coréenne**	韓国(人)の (名 韓国人、名男 韓国語)
	形	**français(e)**	フランス(人)の (名 フランス人、名男 フランス語)
	形	**allemand(e)**	ドイツ(人)の (名 ドイツ人、名男 ドイツ語)
	形	**espagnol(e)**	スペイン(人)の (名 スペイン人、名男 スペイン語)
	形	**italien, italienne**	イタリア(人)の (名 イタリア人、名男 イタリア語)
	形	**suisse**	スイスの (名 スイス人)
	形	**anglais(e)**	イギリス(人)の (名 イギリス人、名男 英語)
	形	**américain(e)**	アメリカ(人)の、アメリカの
	形	**russe**	ロシア人の、ロシアの (名男 ロシア語)
	名男	**métier**	職業
	名女	**profession**	職業
	形	**professionnel, professionnelle**	プロの、職業に関する

* 「〜人」のように、国を表わす形容詞が名詞として使用される場合、一般的に頭文字を大文字で表記します。

1 国籍・職業

動	**devenir**	〜になる
名	**étudiant(e)**	学生
名	**acteur, actrice**	俳優/女優
名	**artiste**	アーティスト
名	**avocat(e)**	弁護士
名	**fonctionnaire**	公務員
名	**journaliste**	ジャーナリスト
名	**secrétaire**	秘書
名	**médecin**	医師
名	**infirmier, infirmière**	看護師
名	**professeur(e)**	教師
名	**ingénieur(e)**	エンジニア

Moi, je suis japonaise.
Je suis étudiante. Et toi ?

Moi, je suis français.
Je suis journaliste.
Je parle français et anglais !
J'apprends l'espagnol maintenant !

1 国籍・職業

形	**asiatique**	アジア(人)の (名 アジア人)
形	**européen, européenne**	ヨーロッパ(人)の (名 ヨーロッパ人)
形	**arabe**	アラブ(人)の (名 アラブ人)
形	**africain(e)**	アフリカ(人)の (名 アフリカ人)
形	**vietnamien, vietnamienne**	ベトナム(人)の (名 ベトナム人、名男 ベトナム語)
形	**indonésien, indonésienne**	インドネシア(人)の (名 インドネシア人、名男 インドネシア語)
形	**thaïlandais(e)**	タイ(人)の (名 タイ人、名男 タイ語)
形	**grec, grecque**	ギリシャ(人)の (名 ギリシャ人、名男 ギリシャ語)
形	**libanais(e)**	レバノン(人)の (名 レバノン人)
形	**péruvien, péruvienne**	ペルー(人)の (名 ペルー人)
形	**brésilien, brésilienne**	ブラジル(人)の (名 ブラジル人)
名	**agriculteur, agricultrice**	農業従事者
名	**joueur, joueuse**	競技者、選手
名	**policier, policière**	警察官
名	**interprète**	通訳
名	**musicien, musicienne**	ミュージシャン、音楽家
名	**chanteur, chanteuse**	歌手
名	**vendeur, vendeuse**	販売員
名	**serveur, serveuse**	ウエイター、ウエイトレス

1 国籍・職業

名	**maire**	市長
名	**animateur, animatrice**	指導員；司会者
名	**chauffeur**	運転手
名	**comédien, comédienne**	役者、喜劇役者
名	**technicien, technicienne**	技術者
名	**artisan(e)**	職人
名	**bénévole**	ボランティア
名	**commerçant(e)**	商人
名	**danseur, danseuse**	ダンサー
名	**mécanicien, mécanicienne**	整備士

Qu'est-ce que vous faites dans la vie ?

Je suis avocate, et vous ?

Je suis informaticien.

♪ 1-4

国籍・職業

名	**caissier, caissière**	レジ係、会計係
名	**informaticien, informaticienne**	コンピューター技術者
名	**plombier, plombière**	配管工
名	**styliste**	スタイリスト
名	**cinéaste**	映画監督、映像作家
形	**athée**	無神論者の
形	**religieux, religieuse**	宗教の、敬虔な
形	**bouddhiste**	仏教徒の（名 仏教徒）
形	**catholique**	カトリック教徒の（名 カトリック教徒）
形	**juif, juive**	ユダヤ教徒の、ユダヤ人の（名 ユダヤ教徒、ユダヤ人）
形	**musulman(e)**	イスラム教徒の（名 イスラム教徒）
形	**protestant(e)**	プロテスタントの（名 プロテスタント）
名男	**sexe**	性別
形	**féminin(e)**	女性の、女性らしい
形	**masculin(e)**	男性の、男性らしい
名男	**choix**	選択
動	**appartenir**	(à~ ~に) 属する
成句	**faire partie**	(de ~ ~に) 属する
副	**aussi**	～も同様に

Répondez aux questionsons !　会話を想像しましょう。

1

国籍・職業

Bonjour, c'est Alice.
Tu t'appelles comment ?

Moi, je m'appelle _____.
Enchanté(e) !

Tu viens de quel pays ?
Tu es chinois(e) ?

Je suis _____.
Et toi, Alice ?

Moi, je suis française.
Qu'est-ce que tu fais dans la vie ?

Je suis _____.

Ah bon ?
Moi, je suis informaticienne.

2 家族・人間関係
Tu as des frères et sœurs ?

名女	famille	家族
名男 複	parents	両親
名男	père	父親
名女	mère	母親
名男	fils	息子
名女	fille	娘、女の子
名男	garçon	男の子
名男	grand-père	祖父
名女	grand-mère	祖母
名男 複	petits-enfants	孫
名男	petit-fils	（男の）孫
名女	petite-fille	（女の）孫
名男	frère	兄、弟
名女	sœur	姉、妹
名男	mari	夫
名女	femme	女の人、妻
名男	homme	男の人、人間
名男	bébé	赤ちゃん
名	enfant	子ども
名男	chat	ねこ

名男	**chien**	いぬ
名男	**petit ami**	彼氏
名女	**petite amie**	彼女
形	**amoureux, amoureuse**	(de 人 〜に) 恋している (名 恋人)
名男	**couple**	カップル
名	**ami(e)**	友達
名女	**amitié**	友情
名男	**copain**	男友達
名女	**copine**	女友達
名女	**personne**	人 (代名 (ne とともに) 1人も〜ない)

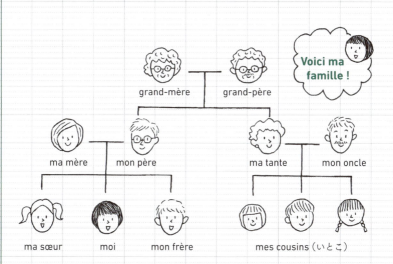

♪ 1-6

2 家族・人間関係

名男	**papa**	パパ
名女	**maman**	ママ
名男	**époux**	夫
名女	**épouse**	妻
名男	**oncle**	おじ
名女	**tante**	おば
名男	**neveu**	おい
名女	**nièce**	めい
名男	**beau-père**	義理の父
名女	**belle-mère**	義理の母
名女	**situation de famille**	家庭状況
形	**marié(e)**	結婚している
形	**pacsé(e)**	パックスしている（法的な同居パートナーがいる）
形	**célibataire**	未婚の
形	**divorcé(e)**	離婚している
形	**veuf, veuve**	配偶者と死別した
動	**se séparer**	（de~ ～と）別れる
動	**divorcer**	（avec~ ～と）離婚する
名男	**divorce**	離婚
名男	**mariage**	結婚

名女	**naissance**	誕生
動	**accoucher**	出産する
名女	**relation**	関係
名男	**monsieur**	〜さん（男性につける敬称）
名女	**madame**	〜さん（女性につける敬称）
名	**collègue**	同僚
名	**client(e)**	クライアント、客
名男	**compagnon**	仲間
名男	**ennemi**	敵
名男	**contact**	接触、連絡

amitié

chien　chat

mes copains

amoureux

couple

2 家族・人間関係

形	né(e)	生まれた
形	mort(e)	死んでいる
名男	âge	年齢
形	âgé(e)	年配の
形	jeune	若い
形	aîné(e)	年上の
動	connaître	(〜を) 知っている
名女	connaissance	知人；知識
動	inviter	〜を招待する
名	invité(e)	招待客
動	rencontrer	〜と出会う
名女	rencontre	出会い
動	ressembler	(à〜 〜に) 似ている
副	ensemble	一緒に
動	appeler	(〜に) 電話する
動	s'appeler	名前は〜である；互いに電話する
動	présenter	(A à B AをBに) 紹介する
動	se présenter	自己紹介する
名女	clientèle	客、顧客（集合的に）

Quiz

誰のことを説明しているでしょう？

Paul

Je m'appelle Paul. J'ai 50 ans. Je mesure 1m 80. Je pèse 65 kg. J'ai trois sœurs et deux frères.

Emma

Moi, c'est Emma. J'ai 38 ans. Je mesure 1m 65 et je pèse 52 kg. J'ai deux sœurs.

Inès

Je me présente : Inès, 19 ans. Je suis fille unique. Je mesure 1m 58 et je pèse 49 kg.

Raphaël

Je m'appelle Raphaël, 40 ans. J'ai une sœur et un frère. J'ai grossi ! Je fais 80 kg ! Je mesure 1m 73.

A J'ai plus de sœurs que "B".

B Je suis plus jeune que "D".

C J'ai la moitié de l'âge de "B".

D Je suis plus petit que "A".

2　家族・人間関係

3 趣味・レジャー
Qu'est-ce qu'on fait ce week-end ?

名女 複	vacances		休暇、バカンス
名男	sport		スポーツ
名男	football		サッカー
名男	tennis		テニス
名女	natation		水泳
名女	piscine		プール
名男	basket		バスケットボール
名男	ski		スキー
動	regarder		〜を見る
名男	film		映画作品
名男	cinéma		映画
動	chanter		(〜を) 歌う
動	écouter		〜を聞く
名女	chanson		歌
名女	musique		音楽
名女	guitare		ギター
名男	violon		バイオリン
名男	piano		ピアノ
名男	concert		コンサート
名女	lecture		読書

動	**lire**	(〜を) 読む
名女	**danse**	ダンス
動	**danser**	(〜を) 踊る
名男	**voyage**	旅行
動	**voyager**	旅する
動	**visiter**	〜を見学する
動	**voir**	(〜が) 見える、〜に会う
名男	**art**	アート、芸術
名女	**exposition**	展覧会

3 趣味・レジャー

natation

danse

football

tennis

basket

ski

♪ 1-9

3 趣味・レジャー

名女	promenade	散歩、散歩道
動	se promener	散歩する
名	touriste	観光客
名男	tourisme	観光
名女	carte postale	絵葉書
名	guide	ガイド、案内役；男ガイドブック
名男	loisir	余暇
名女	activité	活動
動	s'amuser	(à~ ~して) 楽しむ
名男	Internet	インターネット
名男	jeu vidéo	(ビデオ) ゲーム
名女	photo	写真
名男	appareil photo	カメラ
名	peintre	画家
動	peindre	(絵を) 描く
名男	spectacle	ショー
名	spectateur, spectatrice	観客
名女	fête	パーティー；祝日
名男	théâtre	劇場
名男	opéra	オペラ

名女	**réservation**	予約
動	**réserver**	(〜を) 予約する
動	**annuler**	(〜を) 中止する
名男	**ballon**	ボール、風船
名女	**balle**	(小さめの) ボール、球；弾丸
名女	**raquette**	ラケット
名女	**équipe**	チーム
名	**champion, championne**	チャンピオン
名男	**match**	試合
名女	**course**	レース、競走

3 趣味・レジャー

cinéma

théâtre

peindre

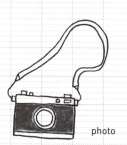

photo

♪ 1-10

3 趣味・レジャー

名男	**terrain**	グラウンド
名女	**gymnastique**	体操、体育
動	**nager**	泳ぐ
名男	**maillot de bain**	水着
動	**pêcher**	釣りをする
名男	**séjour**	滞在
名女	**auberge**	オーベルジュ（田舎にあるレストラン兼ホテル）
名男	**camping**	キャンプ
動	**se balader**	ぶらぶらする
名男	**cirque**	サーカス
名男	**magazine**	雑誌
動	**découvrir**	発見する
名女	**découverte**	発見
動	**s'intéresser**	(à ~ ～に) 興味をもつ
名	**lecteur, lectrice**	読者
名女	**émission**	番組
名女	**publicité**	広告
名男	**programme**	プログラム、番組表
名女	**chaîne**	チャンネル

動	**participer**	(à ~ ~に) 参加する
名男 複	**Jeux olympiques**	オリンピック
名女	**coupe du monde**	ワールドカップ
成句	**avoir lieu**	行われる
形	**sous-titré(e)**	字幕付きの

Quiz

1 関係のある名詞と動詞を線でつなごう。

1. film・　　　　　　　　・chanter
2. musique・　　　　　　・voir
3. magazine・　　　　　　・regarder
4. chanson・　　　　　　・lire
5. exposition・　　　　　・écouter

2 例のように、動詞を名詞にしてみよう。

例 danser　　　→ (　　danse　　)
1. voyager　　 → (　　　　　　)
2. réserver　　→ (　　　　　　)
3. se promener → (　　　　　　)
4. lire　　　　→ (　　　　　　)
5. découvrir　 → (　　　　　　)

4 食材 — Qu'est-ce que tu prends ?

名女	**viande**	肉、食肉
名男	**bœuf**	牛肉；牛
名男	**porc**	豚肉；豚
名男	**poulet**	鶏肉；鶏
名男	**poisson**	魚
名男	**saumon**	鮭、サーモン
名男	**thon**	マグロ、ツナ
名女	**crevette**	小エビ
名女	**charcuterie**	（ハム・ソーセージなどの）豚肉加工製品
名男	**jambon**	ハム
名男	**légume**	野菜
名女	**salade**	サラダ；サラダ菜
名女	**carotte**	にんじん
名男	**champignon**	きのこ
名男	**fruit**	果物；果実、実
名女	**pêche**	桃；釣り
名女	**pomme**	りんご
名女	**orange**	オレンジ
名男	**citron**	レモン
名男	**fromage**	チーズ

名男	œuf	卵、鶏卵
名男	yaourt	ヨーグルト
名男	lait	牛乳；乳
名男	beurre	バター
形	bon, bonne	よい、おいしい
形	mauvais(e)	悪い
名女 複	pâtes	パスタ
名男	pain	パン
名男	croissant	クロワッサン；三日月
名男	gâteau	ケーキ、焼菓子
名女	glace	氷；アイスクリーム；(姿見) 鏡
名男	sorbet	シャーベット

4

食材

♪ 1-12

名男	riz		米
名男	blé		小麦
名男	maïs		とうもろこし
名女	noix		ナッツ、(かたい)木の実
名男	noyau		(桃やさくらんぼなどの)種
名男	veau		子牛
名男	agneau		子羊
名女	dinde		七面鳥、ターキー
名男	saucisson		(サラミ風)ソーセージ
名女	moule		ムール貝
名女	huître		牡蠣(かき)
名男	maquereau		さば
名男	cabillaud		生たら
名男	ail		にんにく
名男 複	haricots verts		さやいんげん
名男	épinard		ほうれんそう
名女	courgette		ズッキーニ
名男	concombre		きゅうり
名男	poireau		ポロねぎ、リーキ(長ネギに似た大形のもの)
名男	poivron		ピーマン、パプリカ

4 食材

名女	**pomme de terre**	じゃがいも
名男	**raisin**	ぶどう
名女	**fraise**	いちご
名女	**poire**	洋梨
名女	**cerise**	さくらんぼ
名男	**ananas**	パイナップル
名女	**pastèque**	すいか
名男	**pamplemousse**	グレープフルーツ
名男	**chèvre**	ヤギのチーズ
名女	**brioche**	ブリオッシュ（菓子パンの一種）

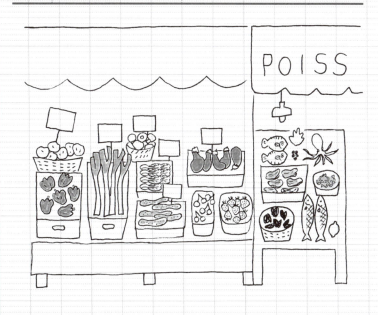

♪ 1-13

名女	**cannelle**	シナモン
名男	**sarrasin**	そば、そば粉
名男	**canard**	かも肉；かも
名女	**escalope**	薄切肉、薄い切り身
名女	**entrecôte**	リブロース（主に牛）
名男	**faux-filet**	牛サーロイン
名女	**bavette**	牛バヴェット（牛の部位の1つ）
名女	**coquille Saint-Jacques**	帆立貝
名男	**colin**	白身魚、たら科の魚
名男	**bar**	すずき（魚）；バー、酒場
名女	**daurade**	たい（魚）
名女	**sole**	舌平目
名男	**calmar, calamar**	イカ
名男	**poulpe**	タコ
名男	**lardon**	こま切れベーコン
名女	**aubergine**	なす
名男	**chou**	キャベツ
名男	**navet**	かぶ
名男 複	**petits pois**	グリンピース

名女 複	**lentilles**	レンズ豆；コンタクトレンズ；レンズ
名男	**gingembre**	しょうが

4 食材

p.20〜p.25のなかで、苦手な食材を書き出しておきましょう。

★ 1〜20を数えてみよう！

1 un / une	2 deux	3 trois	4 quatre
5 cinq	6 six	7 sept	8 huit
9 neuf	10 dix	11 onze	12 douze
13 treize	14 quatorze	15 quinze	16 seize
17 dix-sept	18 dix-huit	19 dix-neuf	20 vingt

5 食・その他
Je me régale !

動	manger	(〜を) 食べる
動	boire	(〜を) 飲む
名男	petit-déjeuner	朝食
名男	déjeuner	昼食（動 昼食をとる）
名男	dîner	夕食（動 夕食をとる）
表現	Bon appétit !	召しあがれ
形	délicieux, délicieuse	おいしい
名男	café	コーヒー；喫茶店、カフェ
名男	thé	お茶、紅茶
名女	eau	水
名男	jus	ジュース、果汁
名男	vin	ワイン
名女	bière	ビール
名女	boisson	飲み物
名男	sucre	砂糖
名男	sel	塩
形	sucré(e)	甘い
形	salé(e)	塩気のある
名男	poivre	コショウ
名男	couteau	ナイフ

名女	**fourchette**	フォーク
名女	**cuillère / cuiller**	スプーン
名女	**assiette**	皿
名女	**tasse**	カップ、茶碗
名男	**verre**	グラス、コップ；ガラス
名女	**bouteille**	びん、ボトル
名女	**carafe**	水差し、ガラス瓶、カラフ
名女	**table**	テーブル
名男	**repas**	食事
動	**préparer**	準備する、用意する

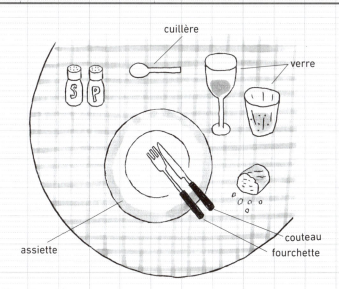

♪ 1-15

5 食・その他

名女	carte	メニュー、品書き；カード；地図
名男	menu	定食、セットメニュー
名男	plat	（皿に盛った）料理；メインディッシュ；大皿
名男	dessert	デザート
動	servir	（人に）食事を出す、給仕する；仕える
名男	pourboire	チップ、心づけ
形	complet, complète	満員の、満床の；完全な
名男	couvert	1人分の食器一式
名男	apéritif	食前酒、アペリティフ
名女	soupe	スープ
名女 複	nouilles	めん類、ヌードル
名女 複	frites	フライドポテト
名男	alcool	アルコール、酒類
名女	huile	油、オイル
名女	moutarde	マスタード、からし
名女	confiture	ジャム
名男	vinaigre	酢、ビネガー
動	cuire	（〜を）煮る、焼く
名女	poêle	フライパン

名女	**casserole**	片手鍋
動	**couper**	切る
動	**mélanger**	まぜる
動	**bouillir**	沸とうする、沸く
動	**éplucher**	(食物〜の) 皮をむく
動	**goûter**	(〜を) 味わう；de〜 試してみる
名女	**cuisson**	焼き加減；焼くこと
形	**grillé(e)**	(グリルで) 焼かれた、焼いた
形	**frais, fraîche**	(心地よく) 冷えた、冷たい；新鮮な
形	**allongé(e)**	伸びた、湯でうすめた

5

食・その他

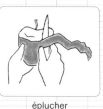

éplucher

couper

faire bouillir

mélanger

cuire au four

♪ 1-16

5 食・その他

名女	**alimentation**	食料品
名女	**spécialité**	名物、得意料理；専門
名女	**boîte**	箱、ケース；缶
名女	**tranche**	ひと切れ
名男	**morceau**	ひと固まり、1片
動	**se régaler**	(おいしい食事を) 堪能する
動	**réchauffer**	～を温め直す
名男	**goût**	味；好み
形	**amer, amère**	苦い
形	**acide**	すっぱい
形	**mûr(e)**	(果実が) 熟した；成熟した
形	**surgelé(e)**	冷凍の （名男 冷凍食品）
形	**fumé(e)**	くん製にした
形	**épicé(e)**	香辛料の入った
名女	**brochette**	串焼き

Quiz

絵をヒントに右と左をつなげましょう。

un verre d' •   • pain

une bouteille de •   • eau

un morceau de •   • vin rouge

une boîte de •   • sel

une cuillère à soupe d' •   • thon

une cuillère à café de •   • huile d'olive

5 食・その他

6 天気・自然
Quel temps fait-il?

名男	temps		天気；時、時間
名女	météo		天気予報
名男	soleil		太陽；日光、日なた
名男	nuage		雲
名女	pluie		雨、雨水
動	pleuvoir		Il pleut〜 雨が降る
名女	neige		雪
名男	brouillard		霧、もや
名男	orage		雷雨
名男	vent		風
名女	température		気温、温度
名男	degré		（気温などの）度
名女	chaleur		暑さ；熱
形	chaud(e)		暑い；熱い
形	froid(e)		寒い；冷えた
形	sec, sèche		乾燥した；干した
形	ensoleillé(e)		日の当たる、日当たりの良い
形	glacé(e)		凍った、冷たい
形	gelé(e)		凍った、氷結した
形	humide		湿度の高い；湿った

名女	**étoile**	星
名女	**lune**	月
名女	**planète**	惑星
名女	**saison**	季節
名男	**printemps**	春
名男	**été**	夏
名男	**automne**	秋
名男	**hiver**	冬
名男	**typhon**	台風
形	**violent**(e)	乱暴な、粗暴な；強烈な
名男	**tremblement de terre**	地震
名女	**victime**	被害者、被災者、犠牲者

nuage   soleil   étoile / lune

pluie   neige   vent

6 天気・自然

名女	**nature**	自然；本質、体質	
名女	**montagne**	山、山岳	
名男	**sommet**	山頂；絶頂、最高位	
名男	**air**	空気；風；空、天空	
名女	**forêt**	（深い）森林	
名男	**bois**	森、林	
名女	**campagne**	田園地帯；田舎	
名男	**champ**	畑；（複数形で）田園	
名女	**pelouse**	芝生、芝地	
形	**rural(e)**	田舎の、農村の	
名女	**plante**	植物	
名男	**arbre**	木、樹木	
名女	**feuille**	葉；紙片；薄板	
名女	**fleur**	花	
名女	**abeille**	ミツバチ	
名男	**cerisier**	桜、桜の木	
名男	**chêne**	カシワの木	
名男	**sapin**	モミの木	
名女	**ferme**	農家、農場	
名男	**animal**	動物	

形	**domestique**	飼われた；家の；国内の
名男	**mouton**	羊
名男	**cheval**	馬
名男	**cochon**	豚
名女	**vache**	雌牛
形	**sauvage**	（動植物が）野生の；原始の
名男	**danger**	危険
名女	**bête**	（人間以外の）動物、獣
名男	**lion**	ライオン
名男	**éléphant**	象

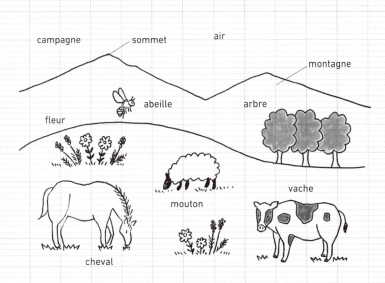

♪ 1-19

名男	**lapin**	うさぎ
名男	**oiseau**	鳥
名男	**coq**	雄鶏
名女	**poule**	雌鶏
名女	**mouche**	ハエ、羽虫
名男	**moustique**	蚊
名男	**lac**	湖
名女	**rivière**	(他の川へ注ぐ) 川
名男	**fleuve**	(海へ注ぐ) 河
名女	**mer**	海
名女	**plage**	砂浜、海岸
名男	**sable**	砂
形	**mouillé(e)**	濡れた、湿った
形	**profond(e)**	深い
名男	**requin**	サメ
名男	**dauphin**	イルカ
名男	**océan**	大洋、大海、海洋
名女	**terre**	大地、土地
名男	**continent**	大陸
名女	**île**	島

名男	**désert**	砂漠
名女	**fumée**	煙；湯気
名男	**incendie**	火災、火事
動	**exister**	存在する；生存する (成句 il existe～ ～が在る)

次の単語のなかから仲間はずれの単語を〇で囲もう。

1. neige   pluie   vent   nuage   planète

2. hiver   été   brouillard   printemps   automne

3. requin   lion   cheval   éléphant   lapin

7 移動・交通
On y va!

動	aller	行く、進む；健康である；à ~ ~に似合う
動	venir	来る
動	monter	（乗物に）乗る；（~を）のぼる、上がる
動	descendre	（乗物から）降りる；（~を）下る
動	passer	通る；合格する；~を過ごす
動	prendre	（乗物）に乗る；（道~を）いく、手に取る；~を食べる、飲む
動	traverser	~を横切る、横断する、渡る
動	tourner	曲がる；回る ~を回す、回転させる
動	marcher	歩く；（物事が）うまくいく
動	continuer	（~を）続ける
副	vite	早く、急いで
副	ici	ここに、ここで
副	là	そこに（で、では）、あそこに（で、では）
副	là-bas	あそこに（で、では）
名女	gauche	左（成句 à gauche 左側に）
名女	droite	右（成句 à droite 右側に）
副	droit	まっすぐに（=tout droit）
副	près	近くに、(de~ ~の) 近くに(で)
副	loin	遠く、(de~ ~の) 遠くに(で)

名男	côté	側面、横（側）、方面、側 成句 à côté (de~ ～の) そばに
前	devant	～の前に（で）
前	derrière	～の後ろに、～のかげに
前	chez	人を表す名詞、代名詞の前で ～の家で（に）、～のところで（に）
名女	voiture	自動車、（列車の）客車、車両
名男	train	列車、汽車、電車；鉄道
名男	métro	地下鉄
名男	bus	バス
名男	avion	飛行機、航空機
名男	bateau	船、ボート
名男	vélo	自転車
名女	moto	オートバイ、バイク

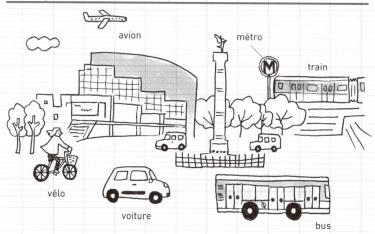

7 移動・交通

♪ 1-21

7 移動・交通

名男	**taxi**	タクシー
名女	**route**	(都市間を結ぶ)道路、街道、ルート
名男	**port**	港、(河川の)船着場
名男	**aéroport**	空港、エアポート
名女	**arrivée**	到着；到着場所、降車口；到来
名男	**départ**	出発、出発地
動	**changer**	(〜を)変える；(de+無冠詞名詞 〜を)乗り換える
名女	**correspondance**	乗換え；合致；文通
名男	**aller simple**	片道(切符)
名男	**aller-retour**	往復(切符)
名男	**billet**	入場券；乗車券；お札
名男	**ticket**	(主にバスや地下鉄の)乗車券、チケット
名男	**guichet**	切符売り場、出札口；(役所、銀行の)窓口
名	**voyageur, voyageuse**	乗客；旅行者、探検家
名男	**vol**	フライト、飛行便；飛ぶこと
名男	**pied**	足　成句 à pied 徒歩で
前	**en**	(交通手段)〜に乗って
形	**direct(e)**	まっすぐな、直通の

名男	**tram**	トラム、路面電車
名男	**quai**	(駅の) プラットホーム、埠頭；河岸
名女	**ligne**	(交通機関の) 路線；線、ライン
名女	**voie**	線路；車線、道
名男	**arrêt**	(バスの) 停留所； (人、乗物の) 停止、休止
動	**se trouver**	(場所に) ある、いる
形	**rapide**	速い
形	**lent(e)**	遅い、ゆっくりとした
名男	**retard**	遅れ、遅刻、遅延
名女	**valise**	スーツケース、旅行鞄
名男	**bagage**	荷物
名男	**plan**	路線図、街路図

♪ 1-22

7 移動・交通

動	conduire	(〜を)運転する
名男	camion	トラック
名男	volant	ハンドル
名男	pneu	タイヤ
名女	roue	車輪
名男	feu	信号機；火
動	s'arrêter	(人、乗り物が)止まる、停止する
動	s'approcher	(de~ 〜に)近づく、接近する
名女	destination	行き先、目的地
名男	terminus	終点、終着駅、ターミナル
動	bouger	動く；身動きする
動	reculer	バックする、後退する
動	attraper	(乗り物に)間に合う；捕まえる
動	éloigner	(〜を)遠ざける
形	proche	(de~ 〜に)近い
名男	enregistrement	登録、(空港などの)チェックイン
名男	embarquement	(飛行機、船への)搭乗
名男	péage	通行料、料金徴収所
動	amener	(人を)連れていく；(物を)運ぶ、導く
副	ailleurs	よその場所で(に)

動	**quitter**	(〜を) 離れる
動	**suivre**	(道、方向を) たどる；〜のあとについていく
名女	**frontière**	国境；境
名男	**bord**	沿岸 (成句 à bord 〜[船、飛行機、車] に乗って)
名女	**essence**	ガソリン；(事物、問題の) 本質
副句	**quelque part**	どこかで (〜に)
副	**partout**	いたるところに、あちこちに
名男	**passager, passagère**	(飛行機、船の) 乗客

7

移動・交通

次の単語の反対の意味になる単語を書こう。

1. descendre ⟷ (　　　　　　　　)

2. gauche　　⟷ (　　　　　　　　)

3. près　　　⟷ (　　　　　　　　)

4. devant　　⟷ (　　　　　　　　)

5. arrivée　　⟷ (　　　　　　　　)

6. rapide　　⟷ (　　　　　　　　)

8 街 Tu vas où ?

名女	ville	都市、都会、街
名男	centre-ville	町の中心地、中心街
名男	village	村
名女	rue	通り、街路、道
名女	place	広場；位置；席
名男	pont	橋
名男	marché	市場；取引
名男	supermarché	スーパーマーケット
名男	magasin	店、商店
名女	boutique	ブティック、（小さい）店
名女	gare	（鉄道の）駅
名女	station	（地下鉄や長距離バスの）駅
名女	poste	郵便局；郵便
名女	banque	銀行
名女	mairie	役所
名男	parc	公園、庭園；駐車場
名女	école	学校、小学校
名女	université	大学
名男	lycée	高校
名男	collège	中学

名女	**bibliothèque**	図書館
名男	**restaurant**	レストラン、食堂
名男	**hôtel**	ホテル；館、御殿
名男	**hôpital**	病院
名女	**pharmacie**	薬局
名女	**église**	教会
名男	**musée**	美術館、博物館
名女	**boulangerie**	パン屋
動	**trouver**	見つける、（〜を…だと）思う
形	**ouvert**(e)	開いている；開放的な
形	**fermé**(e)	閉まっている；閉鎖的な

église

gare

boulangerie

université

lycée

restaurant

♪ 1-24

8 街

名女	librairie	本屋
名女	boucherie	肉屋
名男	centre commercial	繁華街、ショッピングエリア
名女	pâtisserie	ケーキ屋；お菓子、パティスリー
名女	presse	出版物（新聞、雑誌、刊行物）；報道関係者
名男	tabac	タバコ屋；タバコ
名男	stade	スタジアム、競技場
名男	grand magasin	デパート、百貨店
名女	caisse	レジ、会計窓口；箱、ケース
名男	parking	駐車場
名女	police	警察
名男	commissariat	警察署
名男	immeuble	ビル、大きな建物
名男	bâtiment	建物、建造物
名女	préfecture	県庁、県庁所在地；知事
名女	région	地方、地域
名女	capitale	首都；中心地
名女	province	（首都に対する）地方
名女	banlieue	郊外、（特に）パリ郊外
名男	quartier	界隈、一帯、地区

形	**vieux(vieil), vieille**	古い；年老いた、老けた
形	**urbain(e)**	都市の、都会の、都会的な
形	**gai(e)**	(場所が)明るい、陽気な；愉快な
形	**vivant(e)**	活気のある、生き生きしている；命のある
形	**bruyant(e)**	うるさい、騒がしい
名男	**bruit**	物音、騒音、ノイズ
名男	**chemin**	道
名男	**boulevard**	大通り
名女	**avenue**	(建物などに通ずる)並木道、大通り
名男	**carrefour**	交差点

8

街

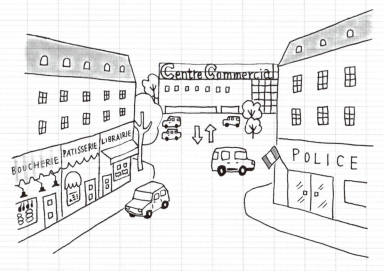

♪ 1-25

名女	épicerie	小規模な食料品店
名女	poissonnerie	魚屋
名男	traiteur	総菜屋
名女	brasserie	カフェレストラン
名女	crémerie	乳製品店
名女	usine	工場
名男	temple	寺、寺院、神殿、聖堂
名女	cathédrale	大聖堂
名女	mosquée	モスク、イスラム教寺院
名女	synagogue	シナゴーグ、ユダヤ教会堂
名女	terrasse	（カフェなどの）テラス
名女	autoroute	高速道路
名男	passage	通過、通行；通り道
名男	panneau	掲示板、看板
名男	sens unique	一方通行
名女	amende	罰金
名男	embouteillage	渋滞、混雑
名男	arrondissement	区
名男	département	県；（官庁、学校などの）部門、学科
名女	odeur	におい、香り
名女	foule	（集合的に）群衆、大衆

8

街

Arrondissements de Paris

パリは 20 の区（arrondissement）から成っています。1 区は真ん中に位置していて、そこからカタツムリのようにぐるぐると外に向かっていきます。

Nord / Est / Sud / Ouest

- Sacré-Cœur
- Musée du Louvre
- Panthéon
- Bibliothèque nationale de France
- Arc de Triomphe
- Tour Eiffel
- Tour Montparnasse
- Parc des Princes

8

街

9 建物

Je cherche un appartement.

名男	**logement**	住居、住宅
動	**habiter**	住む
名女	**maison**	家、家屋
名男	**jardin**	庭、庭園；公園
名男	**studio**	ワンルーム；スタジオ、アトリエ
名男	**appartement**	マンション
名男	**étage**	階
名男	**rez-de-chaussée**	（建物の）地上階、一階
形	**premier, première**	最初の、一番目の、初めての
名男	**ascenseur**	エレベーター
名女	**clé / clef**	鍵
名女	**porte**	ドア；出入り口、門
名男	**couloir**	廊下
名女	**pièce**	部屋、間；部分；片
名女	**chambre**	寝室、部屋
名男	**lit**	ベッド
名男	**canapé**	ソファー、長イス
名女	**chaise**	イス
名女	**radio**	ラジオ
名女	**salle**	部屋、室、会場

名男	**bain**	入浴、風呂；海水浴
名女	**salle de bain**	浴室、お風呂場
名女	**douche**	シャワー
名女 複	**toilettes**	トイレ
名男 複	**W.-C.**	トイレ
名女	**fenêtre**	窓
名女	**cuisine**	キッチン；料理
前	**sur**	〜の上に（で、を、の）；〜について
前	**sous**	〜の下に（で、を、の）；〜のもとに
前	**dans**	〜の中に（で）

logement

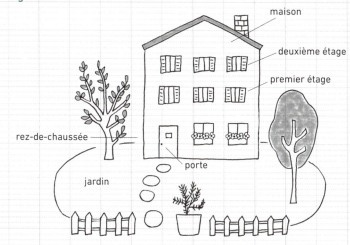

形	ancien, ancienne	古い、古くからある；昔の
形	énorme	（規模が）並外れた、巨大な
形	large	幅の広い、横広な
形	long, longue	長い
形	occupé(e)	使用中の；忙しい
形	meublé(e)	家具付きの；（必要なものが）揃った
名	propriétaire	大家；所有者
名	locataire	借家人、下宿人
名	colocataire	共同借家人、同居人
名女	résidence	高級マンション；居住
名女	entrée	玄関；入り口；入ること
名女	sortie	出口；出ること、退出
動	entrer	入る
動	sortir	出る、外出する；出かける
名男	escalier	階段
名男	mur	壁、塀
名男	ménage	家事、（特に）家の掃除；世帯
名女	poubelle	ゴミ箱
動	nettoyer	（〜を）きれいにする、掃除する
動	ranger	（〜を）片付ける、しまう

名男	**réfrigérateur**	冷蔵庫
名男	**frigo**	冷蔵庫
名女	**lumière**	照明；光、日光
名女	**électricité**	電気、電力
名男	**gaz**	(燃料) ガス；気体
名男	**chauffage**	暖房、暖房施設
名女	**cuisinière**	(オーブン) レンジ
名男	**évier**	(キッチンの) 流し台
名男	**lavabo**	洗面台、洗面所、化粧室
名男	**garage**	ガレージ、車庫；(自動車などの)修理工場

Dans un appartement

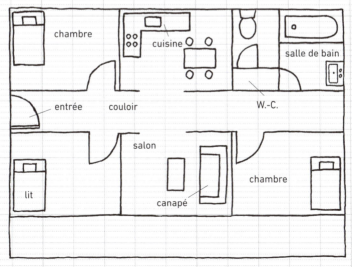

♪ 1-28

9 建物

名男	**placard**	（つくりつけの）戸棚、物入れ
名男	**rayon**	（店の）売場；棚板
名	**voisin(e)**	隣人、近くの人
名男	**déménagement**	引越し
動	**déménager**	引越しする
動	**s'installer**	住む、（ある場所に）落ち着く
名男	**domicile**	住所、住居
名男	**fauteuil**	（一人がけの）ソファ
名男	**plancher**	床
名男	**plafond**	天井
名女	**baignoire**	浴槽
名	**fumeur, fumeuse**	喫煙者
名	**non-fumeur, non-fumeuse**	タバコを吸わない人
名女	**boîte aux lettres**	郵便受け、メールボックス
名男	**comptoir**	（バー、銀行、空港などの）カウンター
名男	**balcon**	バルコニー
名女	**largeur**	横幅、幅、太さ
名女	**hauteur**	高さ、高度
名女	**longueur**	長さ、距離、縦

形	**étroit(e)**	狭い、きゅうくつな；（関係が）密接な
形	**immense**	巨大な、広大な
名男	**silence**	静けさ；沈黙、無言
名男	**accueil**	もてなし、受け入れ、応対
名女	**réception**	（ホテルや会社の）受付；受け取ること；レセプション
名男	**bricolage**	日曜大工、DIY
名男	**vestiaire**	クローク；ドレスルーム

Quiz

次の単語に関係あるイラストを選ぼう。

1. entrée （　）
2. cuisine （　）
3. salle de bain （　）
4. chambre （　）
5. garage （　）

A.
B.
C.
D.
E.

♪ 1-29

10 生活雑貨
Ça sert à quoi ?

名女	chose	もの、こと
名男	portable	携帯電話、ラップトップパソコン
名男	ordinateur	コンピュータ
名女	batterie	バッテリー、電池；ドラムセット
名男	livre	本
名女	revue	雑誌、定期刊行物
名男	cahier	ノート
名男	stylo	ペン
名男	crayon	鉛筆
名女	gomme	消しゴム
名女	enveloppe	封筒
名男	timbre	切手；スタンプ印
形	utile	(à~ ~に) 役に立つ、有益な
動	utiliser	使う、利用する
名男	parapluie	雨傘
名男	parfum	香水；香り；香料
名女	serviette	タオル；（テーブル用）ナプキン
名男	savon	石けん
形	propre	清潔な；（名詞の前で）固有の
形	sale	汚い、汚れている；不潔な

動	**chercher**	探す
形	**lourd(e)**	重い
形	**léger, légère**	軽い
形	**doux, douce**	（手触りが）やわらかい；心地よい；甘い
形	**dur(e)**	かたい；困難な、骨の折れる
形	**différent(e)**	異なった、別の、違った
名女	**différence**	違い、差
形	**pareil, pareille**	(à ~) 〜と）同じような、同様の
形	**même**	（名詞の前で）同じ、同一の
形	**nécessaire**	必要な
形	**fort(e)**	丈夫な；力が強い；強固な
形	**faible**	弱い、もろい；体が弱い

10 生活雑貨

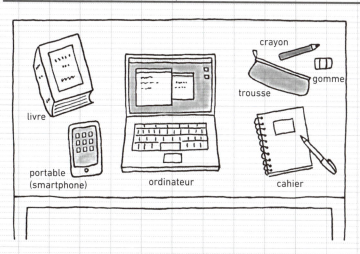

名女	**couverture**	毛布、掛け布団；表紙
名女	**couette**	羽布団
名男	**drap**	シーツ
名男	**oreiller**	（一人用の）まくら
名女	**lessive**	（衣服などの）洗濯洗剤、洗濯
名女	**machine à laver**	洗濯機
名男	**mouchoir**	ハンカチ
名男	**peigne**	くし
名男	**rasoir**	カミソリ
動	**se raser**	（ひげ、毛を）そる
名女	**brosse**	ブラシ
動	**se brosser les dents**	歯を磨く
名男	**dentifrice**	歯磨き粉
名男	**shampooing**	シャンプー；シャンプーすること
動	**vivre**	生活する、暮らす；生きる
動	**prêter**	〜を貸す
動	**emprunter**	〜を借りる
名男 複	**ciseaux**	はさみ
名男	**jouet**	おもちゃ
名男	**seau**	バケツ、桶

10 生活雑貨

名男	**aspirateur**	掃除機
名男	**balai**	ほうき
動	**essuyer**	(〜を) ふく、ふきとる
名女	**éponge**	スポンジ
名女	**cigarette**	(紙巻き) たばこ
名男	**paquet**	小包、袋、箱
名男	**briquet**	ライター
名女	**allumette**	マッチ
名男	**cendrier**	灰皿

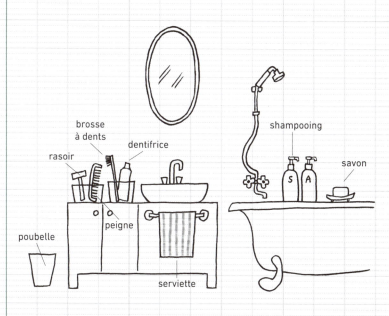

♪ 1-31

名男	**produit**	製品、生産物；産物
形	**cosmétique**	化粧用の、美容用の（名男 化粧品、コスメティック）
形	**liquide**	液体の、液状の（名男 液体）
名男	**fer à repasser**	アイロン
名男	**tissu**	織物、布、生地
名男	**carton**	ダンボール（箱）
形	**plastique**	プラスチック製の；造形の（名男 プラスチック）
形	**souple**	しなやかな、やわらかい；柔軟な
名女	**sorte**	種類（成句 une sorte de〜 一種の〜）
名男	**genre**	種類、タイプ
形	**disponible**	入手（利用）できる、対応できる
名男	**hebdomadaire**	週刊誌、週刊紙（形 週に一度の）
名女	**qualité**	質；長所、美点
名男	**bouquet**	ブーケ、花束；束
名女	**horloge**	時計；置き時計、掛け時計
名男	**chariot**	カート、手押し車；荷車

10 生活雑貨

Quiz

クロスワード

8章で出てきた単語をつかって、空欄を埋めましょう。アクサン記号は考慮しないこととします。1から8までの単語を並べるとある乗り物の名称になります。

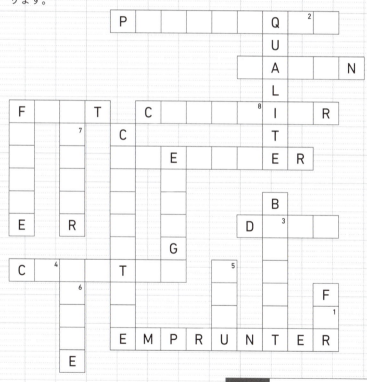

答え：

ヒント：この乗り物を使えば、パリからロンドンまで約2時間半で行くことができますよ。

11 衣類・色・形
Qu'est-ce que je mets ?

名男 複	**vêtements**	衣服、服
名女	**veste**	ジャケット、上着
名女	**chemise**	ワイシャツ、シャツ
名男	**pull**	セーター
名男	**manteau**	コート
名女	**robe**	ドレス、ワンピース
名女	**jupe**	スカート
名男	**pantalon**	ズボン
名女	**ceinture**	ベルト
名女 複	**chaussures**	くつ
名男	**chapeau**	帽子
名女 複	**lunettes**	メガネ
名女	**montre**	腕時計
名男	**sac**	カバン
名男	**sac à dos**	リュックサック
形	**cher, chère**	（値段が）高い
形	**nouveau (nouvel), nouvelle**	新しい
形	**neuf, neuve**	新品の、目新しい
形	**beau (bel), belle**	美しい、きれいな、立派な
形	**joli(e)**	きれいな、すてきな

形	**élégant(e)**	品がいい、洗練された
形	**court(e)**	短い
名女	**mode**	ファッション、流行 (成句 à la mode はやりの、流行している)
名女	**couleur**	色
形	**bleu(e)**	青い、青色の
形	**vert(e)**	緑の、緑色の
形	**rouge**	赤い、赤色の
形	**jaune**	黄色い
形	**blanc, blanche**	白い、白色の
形	**noir(e)**	黒い、黒色の

vêtements

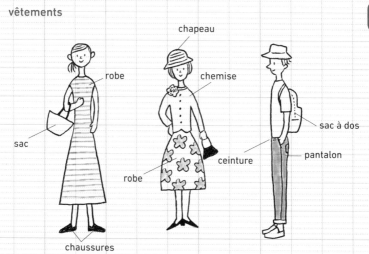

♪ 1-33

名女 複	**bottes**	ブーツ
名女 複	**baskets**	バスケットシューズ
名女	**casquette**	ハンチング帽、キャップ帽
名男	**jean(s)**	ジーンズ
名男	**sous-vêtement**	下着
名男	**slip**	ブリーフ、ショーツ
名男	**soutien-gorge**	ブラジャー
名男 複	**gants**	手袋
名女	**écharpe**	マフラー、スカーフ、肩掛
名男	**foulard**	（生地が薄い）スカーフ
名男	**T-shirt**	Tシャツ
動	**essayer**	（〜を）試着する、試みる
名女	**taille**	（洋服の）サイズ；腰（回り）
名女	**pointure**	（靴、帽子、手袋などの）サイズ
名男	**solde**	バーゲン、（複数で）特売品
名男	**bijou**	宝飾品；宝石
名男	**collier**	ネックレス
名女	**bague**	指輪
形	**brillant(e)**	輝く、きらきら光る、まばゆい
名男	**or**	金

名女	**laine**	ウール、毛織物；羊毛
名男	**coton**	綿
名男	**cuir**	革、レザー
名男	**lin**	リネン、麻
名女	**soie**	絹、絹糸
形	**chic**	おしゃれな、シックな (名男 おしゃれ、シック)
形	**clair(e)**	(色が) 明るい、薄い；透明な、澄んだ
形	**foncé(e)**	(色が) 濃い、暗い
形	**sombre**	地味な、くすんだ；(場所が) 薄暗い
形	**gris(e)**	グレーの

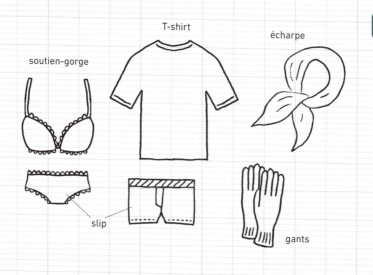

soutien-gorge T-shirt écharpe slip gants

♪ 1-34

名男 複	collants	タイツ、ストッキング
名女	forme	形、形状
名男	rectangle	長方形
名男	triangle	三角形
名男	cercle	円
形	rond(e)	丸い、円形の、休憩の
形	carré(e)	正方形の、四角い
形	serré(e)	きゅうくつな、体にフィットした
形	épais, épaisse	厚い
形	solide	丈夫な、頑丈な
形	mou, molle	柔らかい、ふわふわした
形	fragile	壊れやすい、もろい
形	rose	バラ色の、ピンクの
形	marron (女性形も同じ)	栗色の、茶色の
形	vif, vive	生き生きとした、活発な
形	pâle	青白い、血の気のない

11

衣類・色・形

次のイラストに色をつけましょう。

des baskets bleues

une veste verte

des lunettes jaunes

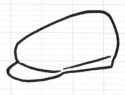

une casquette noire

11

衣類・色・形

12 顔・身体・人の特徴
Elle est comment, ta copine ?

名女	tête	頭
名男	visage	顔
名男	œil (複 yeux)	目
名女	oreille	耳
名男	nez	鼻
名女	joue	ほほ
名女	bouche	口
名女	lèvre	唇
名女	dent	歯
名男	cou	首
名女	gorge	のど
名女	épaule	肩
名女	poitrine	胸
名男	cœur	心臓、ハート；中心
名男	bras	腕
名女	main	手
名男	doigt	指
名男	ongle	爪
名男	estomac	胃
名男	ventre	おなか

12 顔・身体・人の特徴

名男	**dos**	背中
名女 複	**fesses**	お尻
名女	**jambe**	脚
名男	**genou**	膝
形	**grand**(e)	大きい、背の高い
形	**petit**(e)	小さい
形	**gros, grosse**	太っている
形	**maigre**	痩せている
形	**mince**	細い

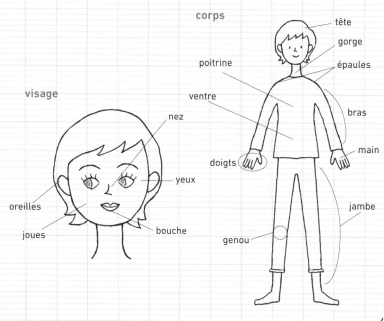

visage / corps
nez, yeux, oreilles, joues, bouche
tête, gorge, épaules, poitrine, ventre, bras, main, doigts, jambe, genou

12 顔・身体・人の特徴

♪ 2-2

名男 複	**cheveux**	髪
形	**blond(e)**	金髪の（名 金髪の人）
形	**brun(e)**	髪が茶色の、褐色の（名 褐色の髪の人）
形	**châtain**	髪が栗色の（名 栗色の髪の人）
形	**chauve**	禿げた（名 禿げた人）
名男	**poil**	毛、体毛
形	**humain(e)**	人間の、人間らしい（名男 人間、人間性）
名男	**caractère**	性格、特性
形	**calme**	穏やかな
形	**souriant(e)**	にこやかな
形	**gentil, gentille**	親切な、優しい
形	**sympathique**	感じの良い
形	**discret, discrète**	控えめな、口のかたい
形	**honnête**	誠実な、正直な
形	**sage**	良識のある、聞き分けの良い
形	**aimable**	愛想のいい、感じの良い
形	**énergique**	元気旺盛な、精力的な
形	**sportif, sportive**	スポーツ好きの
形	**bronzé(e)**	日焼けした

形	**courageux, courageuse**	勇敢な
形	**drôle**	面白い、奇妙な
形	**maladroit(e)**	不器用な
形	**nerveux, nerveuse**	神経質な
形	**timide**	内気な
形	**silencieux, silencieuse**	無口の、静かな
形	**sévère**	厳しい
形	**agressif, agressive**	攻撃的な
形	**méchant(e)**	意地悪な
形	**égoïste**	自分勝手な（名 エゴイスト）
形	**bavard(e)**	おしゃべりな

souriante

sympa

honnête

bavard

nerveuse

méchante

♪ 2-3

12 顔・身体・人の特徴

形	**handicapé(e)**	障害のある（名 障がい者）
形	**sourd(e)**	耳の聴こえない、耳が不自由な（名 耳が聴こえない人、耳が不自由な人）
形	**aveugle**	盲目の（名 盲目の人）
名女	**moustache**	口ひげ
名女	**barbe**	あごひげ、頬のひげ
形	**barbu(e)**	ひげを生やした
名男	**corps**	身体
動	**mesurer**	身長が〜ある
動	**peser**	体重が〜ある
動	**grandir**	大きくなる、成長する
名女	**peau**	肌
名男	**muscle**	筋肉
名男	**sang**	血
名男	**os**	骨
名女	**voix**	声；(選挙などの) 票
名女	**mentalité**	精神状態、考え方
名男	**esprit**	精神、知性
形	**physique**	肉体的な、生理的な、物理的な
名女	**apparence**	外見

名男	**comportement**	行動、ふるまい
名女	**attitude**	態度、姿勢
動	**tendre**	(〜を) ぴんと張る、広げる、緊張させる

12 顔・身体・人の特徴

Qui est-ce ?

思い浮かぶ人は誰ですか？

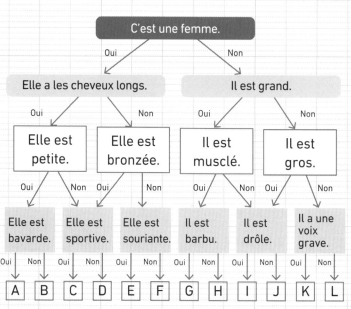

13 体の具合・病気
Je ne me sens pas très bien.

名女	fièvre	発熱
名男	rhume	風邪
形	enrhumé(e)	風邪を引いた
名女	grippe	インフルエンザ
動	tousser	咳をする
名女	allergie	アレルギー
形	sensible	敏感な、(à~ ~に) 敏感である
形	fatigué(e)	疲れている
形	malade	具合が悪い、病気の
名女	maladie	病気
名男	cancer	癌
成句	avoir mal	(à~ ~が) 痛い
名男	accident	事故
形	grave	深刻な、重大な
形	blessé(e)	怪我をした
動	se casser	骨折する、~を痛める
名女	urgence	救急；緊急性
名	patient(e)	患者
動	examiner	~を検査する、診察する；調べる

名男	**examen**	検査；試験
動	**souffrir**	苦しむ、(de~ ～が) 痛い、～の病気である
動	**sentir**	(～を) 感じる
名男	**sommeil**	眠り、成句 avoir sommeil 眠い
名女	**soif**	喉の渇き、成句 avoir soif 喉が渇いている
名女	**faim**	空腹、成句 avoir faim お腹がすいている
名女	**santé**	健康
形	**guéri(e)**	病気が治った
名男	**régime**	ダイエット
動	**grossir**	太る
動	**maigrir**	痩せる

13
体の具合・病気

Je suis malade.

Moi, j'ai de la fièvre.

Moi, je tousse.

J'ai mal à l'estomac.

♪ 2-5

13 体の具合・病気

動	**sauver**	〜を救う
動	**soigner**	〜の治療をする、〜の世話をする
動	**s'occuper**	(de〜 〜の) 世話をする
名男	**soin**	治療；複 手入れ
名男	**secours**	救助
名女	**ambulance**	救急車
名女	**consultation**	診療、診察
名女	**clinique**	クリニック
名女	**maternité**	産科医院；母性；出産
名女	**visite**	面会、見舞い；訪問、見学
名	**généraliste**	一般医
名	**chirurgien, chirurgienne**	外科医
名	**dentiste**	歯科医
名	**psychologue**	心理学者、心理カウンセラー
名	**gynécologue**	婦人科医
名女	**ordonnance**	処方箋
名男	**médicament**	薬
名女	**aspirine**	アスピリン
名男	**antibiotique**	抗生物質

名男	**sirop**	シロップ剤
名男	**cachet**	カプセル；印
名男	**comprimé**	錠剤
名女	**pilule**	丸い錠剤、ピル
名女	**infusion**	薬を煎じること、煎じたもの；ハーブティー
動	**avaler**	〜を飲み込む
名女	**piqûre**	注射
名男	**vaccin**	ワクチン
名男	**tube**	管、パイプ
動	**se brûler**	やけどする
名女	**brûlure**	やけど

13 体の具合・病気

sparadrap

pansement

piqûre

ordonnance

médicaments

comprimé

sirop

cachet

pilule

13 体の具合・病気

名女	**douleur**	痛み、苦痛
名女	**peine**	苦痛、苦労、罰
名男	**moral**	気力、やる気
名女	**force**	体力、力
名女	**faiblesse**	衰弱、疲れ、弱さ
形	**digestif, digestive**	消化の、消化を促す（名男 食後酒）
名女	**opération**	手術
動	**endormir**	（痛みを）和らげる、〜を眠らせる
名男	**pansement**	ガーゼ、湿布
名男	**sparadrap**	ばんそうこう
形	**assis(e)**	座っている
形	**couché(e)**	寝た、横たわった
副	**debout**	立っている
名女	**assurance**	保険

Quiz

薬局にて　À la pharmacie

以下の会話を読んで、正しい答えを選びましょう。

Bonjour, madame.

Bonjour, je voudrais un médicament contre le rhume.

Vous avez de la fièvre ?

Je crois que oui.

Vous toussez ?

Oui, je tousse depuis quelques jours.

Alors, vous allez prendre une aspirine, un cachet et du sirop après chaque repas pendant une semaine.

① の病状は？

② 処方される薬は？

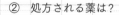

14 感情 — J'adore ça !

動	aimer		～が好きだ
動	adorer		～が大好きだ
動	préférer		～の方が好きだ（~A à B　BよりもAが好きだ）
動	détester		～が大嫌いだ
動	vouloir		～したい
動	espérer		～を期待する、～を望む
動	souhaiter		～を望む
動	croire		思う、(que~, 不定詞)～だと思う
動	penser		思う、(que~, 不定詞)～だと思う
動	ressentir		～を感じる、(感情を)抱く
動	douter		(de~ ～を)疑う、(que~ ～で)あることを疑う
動	sembler		～のように思われる（成句 Il semble que~ ～らしい）
動	réfléchir		よく考える
副	bien		上手に、よく
名女	réflexion		考え、熟考
形	content(e)		(de~ ～で) うれしい、～に満足した
形	heureux, heureuse		(de~ ～で) 幸せな
形	triste		(de~ ～で) 悲しい

形	**désolé(e)**	(de~ ～を) 残念に思う
形	**curieux, curieuse**	興味深い (de~ ～に) 興味がある
形	**déçu(e)**	(de~ ～に) がっかりした
動	**regretter**	(de~ ～を) 後悔する
動	**s'inquiéter**	(de~ ～を) 心配する
名女	**peur**	恐れ、avoir peur (de~ ～を) 心配する、～を恐れる
名女	**intention**	意図、avoir l'intention (de~ ～) するつもりである
名女	**honte**	恥、avoir honte (de~ ～を) 恥じる (表現 Quelle honte! なんて恥ずかしい)
名女	**envie**	欲求、avoir envie (de~ ～) したい
名女	**confiance**	自信 avoir confiance en ～を信頼している
名女	**curiosité**	好奇心、avoir de la curiosité (pour ～に) 興味がある
形	**embêté(e)**	être embêté (avec~ ～に) 困っている
名女	**colère**	怒り、être en colère 怒っている

★好き嫌いの程度を表す表現

♥ Je déteste.　　　　　　　　♥ J'aime bien.

♥♥ Je n'aime pas très bien.　　♥♥ J'aime beaucoup.

　　　　　　　　　　　　　　♥♥♥ J'adore.

14 感情

♪ 2-8

14 感情

名女	**humeur**	機嫌
名男	**sentiment**	感情、気持ち
名男	**avis**	意見
名男	**plaisir**	喜び（[成句] avoir le plaisir de 不定詞 喜んで〜する）
名女	**joie**	喜び、歓喜
名男	**amour**	愛
名女	**passion**	情熱
名女	**surprise**	驚き
名女	**tristesse**	悲しみ
名女	**haine**	憎しみ、嫌悪
名女	**plainte**	苦情、不満
名男	**enthousiasme**	感激、歓喜
名男	**espoir**	希望
名女	**fierté**	誇り
名女	**méfiance**	警戒心、不信
名男	**respect**	敬意、尊敬
名女	**dépression**	気分の落ち込み、うつ病；不景気
名男	**ennui**	退屈なもの、面倒なこと
動	**pleurer**	泣く

動	rire	笑う
動	admirer	〜に感心する；〜に見とれる
動	choquer	〜を不愉快にする、〜にショックを与える
動	décevoir	〜を落胆させる
動	ennuyer	〜を退屈させる；〜に迷惑をかける
動	énerver	〜をいらだたせる
動	toucher	〜を感動させる；〜に触る
動	apprécier	〜を高く評価する
動	plaire	(à人 〜の) 好みにあう、〜に喜ばれる
動	manquer	(à人 〜にとって) 〜がいなくて寂しい、〜のことが懐かしく思う [成句] Il manque~ 〜が足りない)
動	approuver	〜に同意する

14

感情

Tu me manques...

Je pense toujours à toi !

Je suis contente de t'avoir eu au téléphone.

Je suis jalouse !

♪ 2-9

14 感情

形	**agréable**	感じのいい、快適な
形	**confortable**	快適な
形	**joyeux, joyeuse**	陽気な、おめでたい
形	**intéressant(e)**	興味深い
形	**étonnant(e)**	驚くべき
形	**surprenant(e)**	驚くべき
形	**malheureux, malheureuse**	不幸な
形	**jaloux, jalouse**	嫉妬している、やきもちやきの
形	**anxieux, anxieuse**	不安な
形	**désespéré(e)**	絶望した
名男	**désespoir**	絶望
形	**insupportable**	耐えられない
形	**horrible**	恐ろしい、ひどい
形	**terrible**	恐ろしい、ひどい
形	**tragique**	悲劇的な
形	**dégoûtant(e)**	嫌な
副	**cordialement**	心から (副 手紙の末尾で心を込めて)
動	**s'apercevoir**	(de~ ~に) 気づく

名女	**conscience**	意識
動	**se souvenir**	(de~ ～を) 思い出す、覚えている
動	**se rappeler**	～を思い出す、～を覚えている

14

感情

Quiz

左の文と右の文をつなげてみよう。

Si mon copain (ma copine) sort sans moi,

j'ai peur.

SI je ne me souviens plus de mon mot de passe,

j'ai honte.

Si mon équipe préférée perd,

je suis enervé(e)

Quand je m'aperçois que j'ai oublié mon portefeuille

je pleure.

15 1日の行動
Qu'est-ce que tu fais aujourd'hui ?

動	faire	する；作る；(+ 不定詞) ～させる
動	se réveiller	目覚める
動	se lever	起床する、立ち上がる
名男	journal	新聞；日記、日誌
名女	télévision	テレビ
動	s'habiller	服を着る；盛装する
動	partir	出発する
動	arriver	着く、到着する
動	travailler	働く、仕事をする、勉強する
名男	travail	仕事、勉強
形	absent(e)	不在の、欠席の
動	proposer	～を提案する
動	choisir	(～を) 選ぶ、(選んで) 決める
動	mettre	～を置く、入れる、着る
動	donner	～を与える、渡す
動	commencer	～を始める、(à + 不定詞) ～し始める
動	finir	～を終える、(de + 不定詞) ～し終える
動	terminer	(～を) 終える、完了する
動	rentrer	帰る、再び入る
形	libre	自由な、暇がある、空いている

動	se reposer	休む、休養する
名女	pause	休憩、休み
動	attendre	待つ
動	acheter	〜を買う
動	oublier	(〜を) 忘れる
動	laisser	〜を残す、置き忘れる
動	perdre	〜を失う、負ける
動	ouvrir	〜を開ける、開店する
動	fermer	〜を閉める、閉店する
動	se coucher	寝る、横になる
動	dormir	眠る

se réveiller

se coucher

se lever

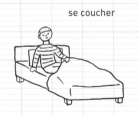

dormir

♪ 2-11

15 1日の行動

動	se coiffer	髪を整える、結う
動	se doucher	シャワーを浴びる
動	se laver	体を洗う
名男	lavage	洗うこと、洗濯
動	courir	走る、（急いで）かけつける
動	emporter	〜を持って行く、持ち帰る
動	apporter	〜を持って来る、持参する
動	vendre	〜を売る
動	revenir	また来る、戻って来る
動	rester	とどまる、〜のままでいる
動	pousser	〜を押す、押しやる
動	tirer	（〜を）引く、引っぱる
動	accepter	〜を受け入れる、承諾する
動	refuser	〜を断る、拒む
動	aider	〜を手伝う、助ける
動	partager	〜を分け合う、共有する
動	se débrouiller	（困難を）切り抜ける、なんとかする
動	enlever	〜を取り除く
動	copier	〜を書き写す、コピーする
動	coller	〜を貼る、貼りつける、ペーストする

動	**taper**	タイプする、〜をたたく
動	**enregistrer**	（データを）保存する、録音する、記録する
動	**télécharger**	ダウンロードする
動	**imprimer**	プリントする、印刷する
動	**allumer**	電源を入れる；（火を）つける
動	**éteindre**	電源を切る；（火を）消す
動	**s'asseoir**	着席する、座る
動	**jouer**	(de 楽器 〜を) 演奏する (à スポーツ・ゲーム 〜を) する
名女	**manière**	しかた、やり方
名女	**façon**	しかた、やり方

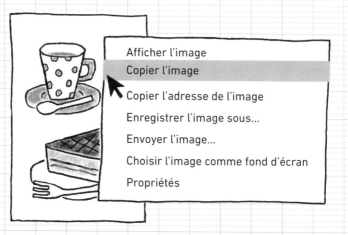

♪ 2-12

15 1日の行動

形	**présent(e)**	出席している、存在している；現在の
名女	**habitude**	習慣
副	**d'habitude**	いつもは、ふだんは
動	**pratiquer**	〜を実践する
名男	**geste**	身振り、ジェスチャー
動	**tenir**	〜をつかむ、握る、支える
名男	**événement**	出来事、イベント
動	**sonner**	（ベルが）鳴る；（ベルを）鳴らす
名女	**réparation**	修理、修繕
動	**réparer**	〜を修理する、修繕する
動	**brancher**	接続する
動	**débrancher**	切断する
動	**installer**	〜をインストールする、設置する
動	**jeter**	〜を投げる、捨てる
動	**attacher**	〜を結びつける、添付する
動	**vider**	〜を空にする
動	**deviner**	〜を言い当てる、見抜く
動	**exagérer**	大げさに言う、度が過ぎる
動	**se taire**	黙る
動	**observer**	〜を観察する；（規則などを）守る

動	**prier**	祈る
名女	**prière**	祈り

Quiz

つぎの動詞と反対の意味の動詞を、かこみの中から探しましょう。

entrer ⟷ (　　　　　　　　)

se reposer ⟷ (　　　　　　　　)

finir ⟷ (　　　　　　　　)

mettre ⟷ (　　　　　　　　)

vendre ⟷ (　　　　　　　　)

pousser ⟷ (　　　　　　　　)

allumer ⟷ (　　　　　　　　)

accepter ⟷ (　　　　　　　　)

tirer / acheter / commencer / partir / éteindre /
refuser / enlever / travailler

16 学校・勉強
J'apprends...

動	étudier	（〜を）勉強する；研究する
動	comprendre	理解する、わかる
動	savoir	（〜を）知っている、わかっている；(+ 不定詞)〜できる
動	répéter	（〜を）繰り返して言う
動	apprendre	〜を学ぶ、習う
名男	apprentissage	学習
名女	classe	クラス；教室；授業
名女	leçon	授業；学課
名男	cours	講義、授業；流れ
名女	cour	校庭、中庭；裁判所
名女	grammaire	文法
名男	exemple	例
動	devoir	(+ 不定詞)〜しなければならない (名男 宿題；義務)
名男	exercice	練習；運動
名男	dictionnaire	辞書、辞典
名男	mot	単語；言葉
名男	vocabulaire	語彙
名女	langue	言語；舌
形	difficile	難しい
形	facile	容易な、簡単な

形	**vrai(e)**	真実の、正しい
形	**faux, fausse**	間違った、偽の
動	**expliquer**	〜を説明する
名女	**explication**	説明
名女	**faute**	誤り、間違い
名女	**erreur**	誤り、思い違い
名	**élève**	生徒
形	**intelligent(e)**	頭のいい、知的な
形	**débutant(e)**	初心者の、新人の
動	**écrire**	（〜を）書く、手紙を書く

16 学校・勉強

♪ 2-14

名女	**matière**	教科科目；素材、物質
名女	**histoire**	歴史、物語
名女	**géographie**	地理（学）
名女 複	**mathématiques**	数学
名女	**informatique**	情報科学、情報処理
名女	**chimie**	化学
名女	**philosophie**	哲学
名女	**science**	科学、学問
形	**scientifique**	科学的な、学問に関する
名男	**manuel**	手引、教科書
動	**corriger**	（間違いを）直す、添削する
名女	**correction**	訂正、添削
名女	**attention**	注意
名女	**remarque**	指摘、注意
名男	**futur**	未来
名男	**passé**	過去
動	**prononcer**	発音する
動	**rédiger**	～を執筆する、（文書を）作成する
名男	**diplôme**	免状、証書
名男	**baccalauréat**	バカロレア、大学入学資格（試験）

名女	licence	学士号
動	enseigner	〜を教える
動	réussir	(à~ 〜に) 成功する
名女	réussite	成功
名男	succès	成功
動	rater	(〜を) しくじる、仕損じる
動	échouer	(à~ 〜に) 失敗する
名男	échec	失敗
名男	écrit	筆記試験 (形 筆記の)
名男	oral	口頭試験 (形 口頭の)

16 学校・勉強

16 学校・勉強

♪ 2-15

動	**justifier**	（根拠を）説明する、正当化する
名女	**note**	成績；注
名女	**phrase**	文、文章
名男	**point**	点；ピリオド
名女	**virgule**	コンマ
名男	**contrôle**	点検；試験
名男	**concours**	コンクール、選抜試験
名女	**épreuve**	試験、試すこと
名女	**révision**	見直し、復習
名男	**objectif**	目標、目的
名男	**pluriel**	複数（形）
名男	**singulier**	単数（形）(形 単数の；奇妙な)
名男	**son**	音
名男	**accent**	アクセント記号；語調
名女	**moyenne**	平均
名	**maître, maîtresse**	先生、主人、指導者
名男	**amphithéâtre**	階段教室、講堂、大教室
名男	**campus**	（大学の）構内、キャンパス
名女	**éducation**	教育；しつけ
名男	**établissement**	設立；施設、機関

名女	**maternelle**	= école maternelle 幼稚園、保育園
名女	**école primaire**	小学校
名男	**secondaire**	中等教育（形 2番目の）
名	**adolescent(e)**	思春期の若者、ティーンエイジャー

仲間はずれを○でかこみましょう。

géographie	-	manuel	-	chimie
répéter	-	rédiger	-	écrire
diplôme	-	licence	-	futur
son	-	point	-	virgule
maître	-	élève	-	pluriel
apprendre	-	rater	-	étudier
maternelle	-	secondaire	-	singulier
facile	-	classe	-	leçon
erreur	-	passé	-	faute
expliquer	-	justifier	-	devoir

16 学校・勉強

17 事務手続き
Vos papiers, s'il vous plaît !

名男	**nom**	名前、姓
名男	**prénom**	(姓に対する) 名
名女	**adresse**	住所
名男	**code postal**	郵便番号
名女	**date**	日付、月日；日時
名男	**lieu**	場所
名男	**numéro**	番号
名男	**état civil**	(民法上の) 身分、戸籍
動	**signer**	(〜に) 署名する、サインする
名女	**signature**	署名、サイン
動	**remplir**	〜を満たす；〜に記入する
動	**s'inscrire**	(à〜 〜に) 登録する、申し込む
名女	**inscription**	申込、登録；碑文
動	**cocher**	印をつける、チェックする
名男	**mot de passe**	パスワード
動	**envoyer**	〜を送る；派遣する
動	**recevoir**	〜を受け取る
名女	**lettre**	手紙；文字
名男	**dossier**	書類
名女	**fiche**	(分類用) カード、用紙

名男	**formulaire**	申込用紙、アンケート用紙；書式集
名男	**passeport**	パスポート、旅券
名男	**permis de conduire**	運転免許証
名女	**pièce d'identité**	身分証明書
名男 複	**papiers**	身分証明書；書類；証明書
名男	**besoin**	必要（成句 avoir besoin de~ ~が必要だ）
形	**obligatoire**	義務の、強制的な
名女	**ambassade**	大使館
名男	**consulat**	領事館

```
Fiche d'inscription

NOM : ..........................................................
Prénom : .....................................................
Date de naissance : jj/mm/aaaa ..................
Nationalité : ................................................
Profession : ................................................
```

17 事務手続き

♪ 2-17

動	**épeler**	つづりを言う
動	**décrire**	〜を描写する
動	**souligner**	(〜に) 下線を引く；強調する
動	**entourer**	(〜を) 取り囲む；(de~ 〜で) 囲む
動	**compléter**	〜を補う、仕上げる
動	**garder**	(〜を) 取っておく；見張る
動	**vérifier**	(〜を) 確かめる
動	**commander**	〜を注文する；命令する
形	**urgent(e)**	緊急の
形	**important(e)**	重要な、大きな
名女	**règle**	規則；ものさし
名男	**règlement**	規則、規定
形	**interdit(e)**	禁じられた
形	**autorisé(e)**	許可された
名女	**admission**	入学（入会）許可
動	**louer**	(代金を支払い) 〜を貸す・借りる；〜をほめる
名男	**loyer**	家賃
名女	**location**	賃貸借、レンタル
名女	**allocation**	手当
名男	**service**	手助け；サービス

名男	**compte**	会計、(銀行などの)口座；計算；アカウント
名女	**annonce**	通知、公告、案内
名女	**opposition**	対照、対立；差止め
名男	**changement**	変化、変更
名女	**modification**	変更、修正
名男	**distributeur**	販売機；配布者
名男	**colis**	荷物、小包
名男	**courrier**	郵便物、手紙
名	**destinataire**	受取人
名	**expéditeur, expéditrice**	差出人

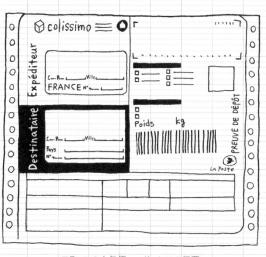

フランスの小包便・コリッシモの伝票

♪ 2-18

17 事務手続き

名男	**visa**	（旅券の）査証、ビザ
名男	**certificat**	証明書、修了証書
名女	**attestation**	証明書
名女	**preuve**	証拠；証明
名女	**consigne**	指示、指令；手荷物預かり所
名女	**déclaration**	申告、届出；声明、宣告
形	**valable**	有効な、価値のある
名女	**validité**	有効性、有効期間
名女	**expiration**	期限切れ、満期
名女	**délivrance**	（証明書などの）交付；解放
名女	**perte**	失うこと、紛失
名女	**facture**	請求書；明細書
名男	**reçu**	領収書
形	**compris(e)**	含まれている、理解された
形	**inclus(e)**	含まれた；同封された
形	**exclu(e)**	除いた；[成句] Il est exclu que～ ～ということは認められない
動	**introduire**	～を紹介する、導入する
動	**retirer**	～を引き出す、取り出す
名男	**renseignement**	情報、資料
名男	**décès**	死亡、逝去

Quiz

（　）内の文字を並べかえ、空らんにふさわしい語を埋めましょう。

Lieu de _____ (a a c e i n n s s)

Formulaire d' _____ (c i i i n n o p r s t)

_____ (e e l r t t) d'admission

Numéro de _____ (c e m o p t)

Service de _____ (a c i l n o o t) de vélo

_____ (a c e f r t u) de loyer

Date de _____ (a e i i n o p r t x) du passeport

Condition _____ (a a b e l l v) jusqu'à 2020 inclus

ヒント：順不同で、つぎの意味のことばになります。
自転車レンタルサービス、家賃請求書、口座番号、出生地、許可状、2020年まで有効の条件、有効期間満了日、申込用紙

♪ 2-19

18 お金・仕事
J'ai signé le contrat !

名男	**argent**	金銭；銀
動	**payer**	支払う
形	**payant(e)**	有料の
形	**gratuit(e)**	無料の
動	**coûter**	値段が〜である [表現] Ça coûte combien ? おいくらですか？
名男	**prix**	値段、価格
名男	**tarif**	料金
名女	**réduction**	割引；削減；縮小
名女	**addition**	勘定書；足し算；加えること
名女 複	**espèces**	現金
名女	**monnaie**	小銭、硬貨
名女	**carte bancaire**	キャッシュカード
名男	**chèque**	小切手
動	**compter**	〜を見積もる；数える
動	**gagner**	稼ぐ、〜を得る；〜に勝つ
名男	**CV (curriculum vitæ)**	履歴書
名女	**expérience**	経験、体験
名男	**stage**	実習、研修、インターンシップ
名男	**rendez-vous**	会う約束
名男	**débat**	討論

名女	**réunion**	会議、集会
名男	**bureau**	オフィス；書斎；デスク
名男	**rôle**	役、役割
名女	**information**	情報
名男	**projet**	計画、企画
名男	**but**	目的、ゴール
名男	**résultat**	結果、成果
動	**pouvoir**	できる；してもよい
動	**falloir**	il faut + 不定詞 〜しなければならない
名男	**paiement**	支払い

18 お金・仕事

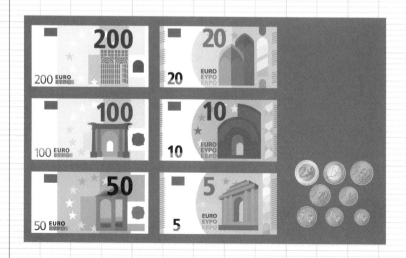

♪ 2-20

18 お金・仕事

名男	**supplément**	追加料金；補足
形	**payé(e)**	（対価が）支払われる、割のよい
名男	**change**	両替、両替所
動	**rembourser**	（借金・立替分を）返す、払い戻す
動	**dépenser**	（金を）使う
動	**calculer**	〜を計算する
動	**décider**	〜を決める
名男	**chef**	リーダー；料理長
名	**directeur, directrice**	長、支配人
名	**patron, patronne**	主人、経営者
形	**responsable**	責任がある（名 責任者）
名男	**emploi**	職、雇用；使うこと、用法
名	**stagiaire**	実習生、研修者
名	**employé(e)**	従業員、勤め人
名	**salarié(e)**	給与所得者
形	**capable**	(de 〜) 〜することができる
名女	**formation**	養成、研修；形成
名男	**horaire**	営業時間；時刻表
名男	**atelier**	工房、作業場
名女	**crèche**	託児所、保育園

名女	**cantine**	（学校、工場、企業内の）食堂
名男	**entretien**	面談；維持、扶養
動	**fixer**	（日時などを）決める；固定する
動	**développer**	～を発展させる
動	**promettre**	～を約束する
名女	**production**	生産（物）
名女	**analyse**	分析
名男	**effet**	効果
動	**verser**	～を払い込む；注ぐ
名男	**virement**	（銀行・郵便）振込

18　お金・仕事

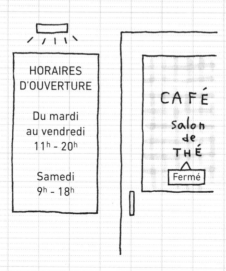

♪ 2-21

名男	**remboursement**	返済、払い戻し
名女	**vente**	販売、売却
名男	**achat**	購入、購買
名男	**progrès**	進歩、上達
名男	**syndicat**	組合；協会
名女	**retraite**	(定年)退職；年金
名男	**personnel**	(集合的に)職員、従業員 (形 個人の)
名	**chargé(e)**	(de~)担当者、講師
名	**supérieur(e)**	上司 (形 à~ ~より上の、~より優れた)
名女 複	**fonctions**	職務、役目
名女	**responsabilité**	責任
名男	**contrat**	契約、契約書
名女	**condition**	条件
名女	**démission**	辞職、辞職願
名男	**talent**	才能
名女	**carrière**	職歴、職業上の道
名女	**promotion**	昇進；同期生
動	**obtenir**	~を得る、手に入れる
動	**lancer**	(事業などを)開始する；投げる
動	**charger**	(人 de 物~に~を)担当させる；積む

18
お金・仕事

動	**prolonger**	〜を延長する
動	**reprendre**	〜を再開する、取り返す
動	**classer**	〜を分類する
動	**publier**	〜を出版する；公表する、発表する

つぎの単語と関係の深い意味の単語のうち、空らんに入るのは何でしょう？

stage -- ___ ___ ___ r i ___ ___ c e

entretien -- r___ ___ ___ ___ ___ ___ ___ -___ ___ ___

chef -- r___ ___ ___ ___
　　　　i ___ ___ ___

salarié -- ___ ___ ___ ___ r a ___ ___

but -- p___ ___ r

débat -- r u ___ ___ ___ ___

analyse -- r___ ___ ___ ___ ___ ___ ___ ___ a ___ ___

★頼むときにはpouvoirを使って、つぎのような言い方をします。

Vous pouvez + 動詞の原形？（頼まれる方も当たり前と受け取るような依頼）

Est-ce que vous pouvez + 動詞の原形？（少しだけ上よりも丁寧）

Est-ce que vous pouvez + 動詞の原形, s'il vous plaît？（さらに丁寧）

Est-ce que vous pourriez + 動詞の原形？（例外的なお願いか、知らない相手の時）

Veuillez + 動詞の原形（表示などでは、このようにvouloirの命令形を使います。）

19 政治・経済
Vive la République ! Vive la France !

名女	politique	政治、政策 (名男 政治家　形 政治の)
名女	démocratie	民主主義
名女	révolution	革命
名女	grève	ストライキ
名女	manifestation	デモ；表明
名女	raison	理由、理性
名女	élection	選挙
名	candidat(e)	候補者
動	voter	投票する
名女	assemblée	議会；集会
名男	gouvernement	政府
名男	ministre	大臣
名男	ministère	〜省；内閣
名女	guerre	戦争
名女	paix	平和
名男	état	国家（État）；州；状態
名女	économie	経済（制度）
形	économique	経済の（名男 経済（活動の総体））
名女	crise	危機
名女	industrie	産業、工業

名男	**commerce**	商取引、商業
形	**pauvre**	貧しい、名詞の前で 気の毒な
形	**riche**	金持ちの、裕福な；豊富な
動	**augmenter**	～が増加する；増加させる
動	**baisser**	下がる；下げる
形	**possible**	可能な、ありうる
名男 複	**gens**	人々
名男	**monde**	世界；人々
名男	**groupe**	グループ、集団
形	**social(e)**	社会の、社会的な
名女	**société**	社会；団体；会社

19 政治・経済

♪ 2-23

名女	**république**	共和制、共和国
名女	**loi**	法、法律
名女	**justice**	正義、正しさ、公正
形	**égal**(e)	等しい、同等の、平等の
名男	**parti**	党、党派
形	**libéral**(e)	リベラルな、自由主義の
形	**conservateur, conservatrice**	保守的な、保守主義の
名	**député**(e)	国会下院議員
動	**élire**	（選挙で）選ぶ、選出する
形	**national**(e)	国の、国立の
形	**international**(e)	国際的
名	**immigré**(e)	移民
名女	**immigration**	移住
形	**public, publique**	公共の、公開の
形	**privé**(e)	私的な、私立の
形	**visible**	目に見える
形	**invisible**	目に見えない
名女	**tendance**	傾向
名女	**vérité**	真実、真理
名女	**tolérance**	寛容、寛大さ

19 政治・経済

名男	**racisme**	人種差別、差別主義
名女	**violence**	暴力、激しさ
名女	**solidarité**	連帯、団結
名	**citoyen(ne)**	市民（政治参加の主体）
名男	**impôt**	税金
名女	**entreprise**	企業
名	**chômeur, chômeuse**	失業者
名男	**chômage**	失業
名女	**écologie**	エコロジー；自然環境
名女	**agriculture**	農業

19 政治・経済

つぎの sigles（頭文字による略語）も覚えておきましょう。国際機関について、日本では英語の略語を使いますが、フランス語では語順が異なるので略語が異なります。

- **ONU**　Organisation des Nations unies　国連
- **OCDE**　Organisation de coopération et de développement économiques
  経済協力開発機構
- **FMI**　Fonds monétaire international　国際通貨基金
- **OMS**　Organisation mondiale de la Santé　世界保健機関
- **ONG**　Organisation non gouvernementale（NGO、非政府組織）
- **CDD**　Contrat à durée déterminée　期限付雇用契約
- **CDI**　Contrat à durée indéterminée　無期限雇用契約
- **CGT**　Confédération générale du travail　労働総同盟
- **SMIC**　Salaire minimum interprofessionnel de croissance　法定最低賃金
  （全職種成長最低賃金）

名女	**liberté**	自由
名女	**égalité**	平等、同等
名女	**fraternité**	兄弟愛、同胞愛、友愛
名女	**constitution**	憲法（Constitution）；形成
動	**manifester**	表明する、デモに参加する
名男	**vote**	票、投票
名女	**monarchie**	王政、君主制
名男	**roi**	王、国王
名女	**reine**	女王、王妃
形	**stable**	安定した
名女	**majorité**	多数、多数派
名女	**minorité**	少数、少数派
形	**universel, universelle**	普遍的な、全世界的な
形	**administratif, administrative**	行政の、管理の
動	**contrôler**	〜を点検する
名男	**sondage**	世論調査
名女	**folie**	狂気；熱狂
名男	**club**	クラブ、会

Quiz

この章には、英語で同じ意味の単語とよく似た形のものもたくさんありましたね。つづりに注意して覚えましょう。空らんを埋めてください。

Le go ____ ver ____ ____ ment

Le Minist ____ ____ ____ de l'Éducation nationale

Le premier minis ____ ____ ____

La démocra ____ ____ ____

L'écolo ____ ____ ____

La politi ____ ____ ____

La solidari ____ ____ ____

La liber ____ ____

L'indust ____ ____ ____

La soci ____ ____ ____

Les ent ____ ____ prises

19 政治・経済

20 時・頻度
On se voit quand ?

名男	mois	月
名男	janvier	1月
名男	février	2月
名男	mars	3月
名男	avril	4月
名男	mai	5月
名男	juin	6月
名男	juillet	7月
名男	août	8月
名男	septembre	9月
名男	octobre	10月
名男	novembre	11月
名男	décembre	12月
名女	semaine	週
名男	lundi	月曜
名男	mardi	火曜
名男	mercredi	水曜
名男	jeudi	木曜
名男	vendredi	金曜
名男	samedi	土曜

名男	**dimanche**	日曜
名男	**week-end**	週末
名男	**jour**	日
名男	**matin**	朝
名男	**midi**	昼、正午
名男	**après-midi**	午後
名男	**soir**	夕方、夜
名女	**nuit**	夜（眠っている時間帯）
副	**tôt**	早く
副	**tard**	遅く

20

時・頻度

C'est quand, l'anniversaire de Chloé ?

C'est le premier novembre.

Oups ! C'était lundi dernier !

Et c'est mon anniversaire aujourd'hui !

♪ 2-27

名男	**minuit**	真夜中
名女	**matinée**	朝、午前中；(音楽会、劇などの)昼の部
名女	**journée**	日中、昼間、1日
名女	**soirée**	晩；パーティ
名女	**heure**	1時間、時間
名女	**minute**	分
名女	**seconde**	秒
副	**aujourd'hui**	今日
副	**hier**	昨日
副	**avant-hier**	おととい
副	**demain**	明日
副	**après-demain**	あさって
名女	**veille**	前日
名男	**lendemain**	翌日
形	**dernier, dernière**	最後の、最新の
形	**prochain(e)**	次の、今度の
形	**suivant(e)**	次の
副	**longtemps**	長い間
副	**maintenant**	今
成句	**tout à l'heure**	さっき、まもなく、もうすぐ (成句 à tout à l'heure また後で)

20

時・頻度

成句	**tout de suite**	すぐに (成句 à tout de suite またすぐ後で)
成句	**plus tard**	後で (成句 à plus tard また後で)
名男	**avenir**	将来
副	**toujours**	いつも、あいかわらず
副	**souvent**	たびたび、よく
副	**régulièrement**	定期的に、規則正しく
副	**parfois**	たまに、時には
副句	**de temps en temps**	ときどき
名女	**fois**	回

20

時・頻度

Qu'est-ce que tu as fait dimanche dernier ?

Je suis allée voir mes grands-parents.

Tu vas souvent chez eux ?

Oui, assez souvent ! Cinq, six fois par mois !

♪ 2-28

20 時・頻度

副句	**à l'heure**	時間どおりに
名女	**année**	年、1年；学年
名男	**an**	年；歳
名男	**siècle**	世紀
名男	**moment**	瞬時；時期、時代
名男	**anniversaire**	誕生日、記念日
形	**moderne**	現代の、最新の
前置詞句	**il y a** 時の表現	〜前に
前	**avant**	〜の前、〜以内に
前	**pendant**	〜の間、〜の間ずっと
前	**après**	〜の後に
前	**dès**	〜からすぐに、（順序で）〜から
前	**depuis**	〜以来
前	**jusque**	〜まで
前	**jusqu'à**	〜まで、〜する程
名男	**début**	初め
名女	**fin**	終わり
副	**rarement**	めったに…ない
形	**rare**	珍しい、めったに起こらない
副	**jamais**	(neとともに) 一度も〜ない

◆ tous les jours（毎日）の tous は、形容詞 tout の複数形です。

	男性形	女性形
単数	tout	toute
複数	tous	toutes

単数形なら「ひとつのものの全体」（例 toute la journée 1日中）、複数形なら「すべての」という意味です。この形容詞は、冠詞より前に置きます。

★ 時、行動、頻度の中のそれぞれの単語を使って文を作ってみましょう。

 時

samedi soir / dimanche matin
le premier janvier depuis / an(s)

 頻度

rarement / de temps en temps
souvent / toujours

 行動

étudier le français
prendre le repas en famille
se lever tard / regarder la télé

Dimanche matin, je me lève souvent tard...

Depuis un an, j'étudie toujours le français.

21 量 Combien ?

動	avoir	~を持つ、~がある
名男	nombre	数
名男	chiffre	数字、数
名女	moitié	半分；真ん中
名男	demi	2分の1（成句 une demie heure 30分）
名男	quart	4分の1（成句 un quart d'heure 15分）
名女	douzaine	ダース（成句 une douzaine de 1ダース~）
形	plein(e)	(de~ ~で) いっぱいの
形	vide	空の、空いている
副	moins	より少なく（de~ より少ない~）
副	plus	より多く（de より多くの~）
副	autant	同じくらい（de~ ~と同じくらいの）
副	beaucoup	たくさん
成句	un peu	少し
副	très	とても
副	trop	~すぎる
副	assez	十分に
名男	mètre	メートル
名男	kilo	キログラム
名男	gramme	グラム

名男	**poids**	重さ
名男	**litre**	リットル
副	**combien**	どれだけの（成句 combien de~ どれだけの~）
形	**quelques**	いくつかの
代名	**rien**	(ne とともに) 何も〜ない
副	**presque**	ほとんど
名女	**la plupart**	(de~) 大多数 (の~)
形	**chaque**	それぞれの；〜ごと (に)
代名	**chacun, chacune**	みんなそれぞれ

beaucoup de bonbons

un peu de chocolat

deux litres de lait

cent grammes de raisins

21

量

♪ 2-30

21 量

形複	**divers(es)**	いろいろな、さまざまな	
形	**certain(e)**	(名詞の後ろで) 確実な (un certain +名 かなりの〜)	
形	**autre**	他の、別の	
形	**aucun(e)**	(neとともに) どんな〜もない (代名 neとともに 1人も〜ない)	
動	**suffire**	十分だ、足りる (表現 ça suffit! もうたくさんだ！)	
形	**suffisant(e)**	十分な、満足できる	
名女	**partie**	部分	
動	**ajouter**	(A à B AをBに) 付け加える	
副	**encore**	まだ；もっと；再び、もう一度	
代名	**tout**	(ばく然と) すべてのもの	
代名	**tous**	(ばく然と) すべての人；(特定の) すべての人・もの (女性ならtoutes)	

Au marché

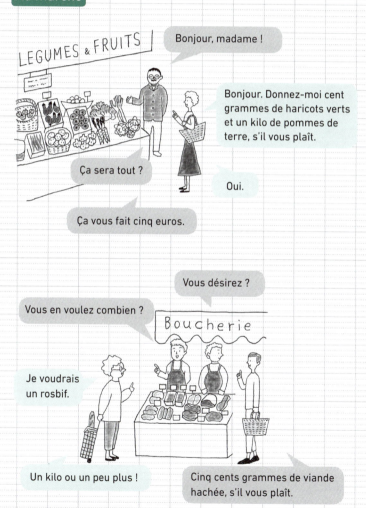

21

量

22 あいさつ・その他
Bonjour ! Ça va ?

動	parler	話す；(à~ ~に) 話しかける；(de~ ~に) ついて話す
動	dire	言う；vouloir dire 意味する
動	téléphoner	(à~ ~に) 電話する
動	demander	(à~ ~に) 頼む、たずねる
動	répondre	(à~ ~に) 答える
名女	question	質問、問題
名女	réponse	答え、応答
あいさつ	Bonjour.	おはよう、こんにちは
あいさつ	Bonsoir.	こんばんは
あいさつ	enchanté(e)	はじめまして、(de~ ~で) うれしい
あいさつ	Salut.	やぁ；じゃあね
表現	Merci.	ありがとう、どうも
動	remercier	~に感謝する、礼を言う
表現	Pardon.	すみません、失礼しました
動	excuser	~を許す、大目に見る
あいさつ	Au revoir.	さようなら、ではまた
表現	Bon courage !	がんばって！
表現	D'accord.	承知した、オーケー；賛成である
接	et	~と、そして
接	ou	あるいは、または

接	**mais**	だが、しかし
副	**où**	どこに、どこへ
副	**comment**	どのように
副	**pourquoi**	なぜ、どうして
疑代	**qui**	だれが、だれを (Qui est-ce que)
疑代	**que**	何を (Qu'est-ce que)
疑代	**quoi**	何
副	**quand**	いつ
接	**parce que**	なぜなら
前	**à**	(場所、行先、時間、対象、用途など)
前	**de**	(起点、所有、種類、原因など)

Excusez-moi, monsieur, je cherche...

Pardon !

22 あいさつ・その他

♪ 2-32

動	**raconter**	〜を語る、話す
動	**entendre**	〜が聞こえる
成句	**s'entendre bien**	理解し合う、仲がよい
動	**discuter**	(sur~ 〜について) 話し合う、議論する
名女	**discussion**	話し合い、議論
動	**se disputer**	口論する、けんかする
動	**déranger**	〜を邪魔する、〜に迷惑をかける
動	**plaisanter**	冗談を言う、ふざける
動	**traduire**	〜を翻訳する、訳す
名男	**dialogue**	対話
名女	**conversation**	会話
名女	**opinion**	意見
名女	**idée**	考え、アイディア、意見
名男	**message**	伝言、メッセージ
名男	**mensonge**	うそ
名	**menteur, menteuse**	うそつき
動	**embrasser**	〜にキスする、〜を抱きしめる
名女	**bise**	キス
表現	**Félicitations !**	おめでとう！
表現	**Bravo !**	(喝采) すばらしい！

22 あいさつ・その他

名男	cadeau	贈り物、プレゼント
動	emballer	～を包装する
副	d'abord	まず
副	ensuite	次に、それから
副	enfin	最後に、ついに、ようやく
接副	donc	だから、したがって
接	si	もし～なら、～かどうか
前	avec	～と一緒に
前	pour	～のために、～の予定で、～については

★フランス語の前置詞には、他に次のようなものがあります。

en　　（素材、手段、場所（女性国名など）、状態）～で
par　　～を通って、～によって、～につき
vers　　～の方へ、～のころに
sans　　～なしに
contre　～に反して
envers　～に対して
malgré　～にも関わらず
selon　　～によれば
sauf　　～を除いて、～は別として

22 あいさつ・その他

動	bavarder	おしゃべりする
動	interpréter	～を解釈する
動	interroger	(sur~ ～について)たずねる、尋問する
動	affirmer	～と断言する、強く主張する
動	avouer	～を告白する
動	crier	叫ぶ、大声でどなる
動	négocier	(～を) 交渉する
動	échanger	(A contre B AをBに) ～を～と取り替える
動	se moquer	(de~ ～を) ばかにする、からかう
名男	discours	演説、スピーチ
名女	excuse	言いわけ、弁解
名男	signe	しるし、きざし
副	alors	その時、その頃；それでは
接	cependant	しかしながら
接	car	なぜなら、というのも
接	sinon	さもなければ
副	ainsi	そのように；そういうわけで
接	puisque	～である以上、～なので
接	comme	～のように；～なので（主節の前で）
副	certainement	たしかに；そうです、もちろん

22 あいさつ・その他

Quiz

表には、つぎの意味の単語がかくれています。探して〇でかこみましょう。

話し合い – キス – 演説 – うそ – 対話 – 質問 – 答え – 伝言 – 意見 – 考え

R	E	M	E	X	D	C	I	C	E	D
Q	U	E	S	T	I	O	N	O	T	O
B	A	C	Y	U	S	E	B	V	Y	N
I	D	E	E	F	C	U	I	O	N	T
D	I	S	C	O	U	R	S	A	G	H
U	A	I	N	S	S	E	E	I	P	A
V	L	A	L	E	S	P	E	M	R	I
A	O	P	I	N	I	O	N	E	A	N
L	G	U	F	I	O	N	S	O	L	O
Q	U	N	M	E	N	S	O	N	G	E
M	E	S	S	A	G	E	I	L	E	H

22

あいさつ・その他

文を組み立てるための規則

A1レベルで覚えておきたい文法規則を、以下にかんたんに整理しておきます。

🖉 主語になる代名詞

je	私は	nous	私たちは
tu	君は（親しい相手に使う）	vous	あなたは、あなた達は
il	彼は、それは（＝男性と男性名詞の代わり）	ils	彼らは、それらは
elle	彼女は、それは（＝女性と女性名詞の代わり）	elles	彼女らは、それらは
ça	それは		
on	私たちは、人々は		

非人称の il

il は特定の人や物の代わりでなく、時間や天気等を言う表現の主語になることがあります。

Il est 9 heures. 9時です。
Il fait beau. いい天気だ。
Il faut réserver. 予約しなければならない。
Il y a des places à la terrasse. テラスにいくつか席があります。

🖉 文のかたちの基本形　　主語＋動詞

否定文

動詞を ne と pas ではさみます。

Je ne suis pas d'ici. Je n'aime pas la viande.

疑問文

1) 文の最後の母音で、イントネーションを上げる。

Vous avez faim ?

2) 文頭に Est-ce que を付ける。

Est-ce que vous avez faim ?

3) 主語と動詞を倒置する。

Avez-vous faim ?

🖉 冠詞と冠詞の仲間

名詞（ものの名前）の前に付く単語で、話し手の意図に応じて使い分けます。

	その種類のものならどれでもいい		特定の（＝どれでもよくない）		
	不定冠詞	部分冠詞	定冠詞	指示形容詞	所有形容詞
	数えられる もの	数えられない もの	すでに話題に出たもの、またはその種類全て（総称）	指をさして特定する この、その	所有者で特定する 私の、君の、彼の、彼女の、あなたの
＋ 名男	un	du	le (l')*	ce (cet)*	mon, ton, son, votre
＋ 名女	une	de la	la (l')*	cette	ma, ta, sa, votre
＋ 名 複	des		les	ces	mes, tes, ses, vos

*名詞の初めが母音字の時

🖉 形容詞の性数一致と位置

性数一致

形容詞（名詞を説明するもの）は、かかる名詞が女性名詞なら **+e**、複数名詞なら **+s** を付けます。

le cinéma français フランス映画　**la cuisine française** フランス料理
le pull bleu 青いセーター　**les yeux bleus** 青い目

位置

形容詞は、原則として名詞の後に置かれますが、短いよく使われる形容詞（**petit, grand, gros, bon, beau, joli, jeune, vieux, etc.**）は、名詞の前です。

une grande voiture 　　　　　大きな車
une voiture noire 　　　　　　黒い車
un petit restaurant sympathique 小さい感じのいいレストラン

文を組み立てるための規則

動詞の活用

-er動詞の直説法現在形の活用

原形（不定法）が **-er** で終わる動詞は以下と同じ変化（活用）をします。

chercher 過去分詞 cherché	je cher**che** tu cher**ches** il / elle / ça / on cher**che**	nous cher**chons** vous cher**chez** ils / elles cher**chent**

不規則な活用をする動詞の直説法現在形

être ～である 過去分詞 été	je **suis** tu **es** il / elle / ça / on **est**	nous **sommes** vous **êtes** ils / elles **sont**

> vous の語尾 es に注意

avoir ～を持つ 過去分詞 eu	j'**ai** tu **as** il / elle / ça / on **a**	nous **avons** vous **avez** ils / elles **ont**

aller 行く 過去分詞 allé	je **vais** tu **vas** il / elle / ça / on **va**	nous **allons** vous **allez** ils / elles **vont**

> この4つは ils・elles の語尾 -ont

faire する 過去分詞 fait	je **fais** tu **fais** il / elle / ça / on **fait**	nous **faisons** vous **faites** ils / elles **font**

venir 来る 過去分詞 venu	je **viens** tu **viens** il / elle / ça / on **vient**	nous **venons** vous **venez** ils / elles **viennent**

prendre 取る 過去分詞 pris	je **prends** tu **prends** il / elle / ça / on **prend**	nous **prenons** vous **prenez** ils / elles **prennent**

文を組み立てるための規則

voir 見る、会う 過去分詞 vu	je **vois** tu **vois** il / elle / ça / on **voit**	nous **voyons** vous **voyez** ils / elles **voient**
pouvoir 過去分詞 pu (euになることに注意)	je **peux** tu **peux** il / elle / ça / on **peut**	nous **pouvons** vous **pouvez** ils / elles **peuvent**
vouloir 過去分詞 voulu (euになることに注意)	je **veux** tu **veux** il / elle / ça / on **veut**	nous **voulons** vous **voulez** ils / elles **veulent**
savoir 過去分詞 su	je **sais** tu **sais** il / elle / ça / on **sait**	nous **savons** vous **savez** ils / elles **savent**

代名動詞の直説法現在形

se promener 過去分詞 promené	je **me promène** tu **te promènes** il / elle / ça / on **se promène**	nous **nous promenons** vous **vous promenez** ils / elles **se promènent**

pouvoir と vouloir の条件法現在形 (丁寧形)

pouvoir	je **pourrais** tu **pourrais** il / elle / ça / on **pourrait**	nous **pourrions** vous **pourriez** ils / elles **pourraient**
vouloir	je **voudrais** tu **voudrais** il / elle / ça / on **voudrait**	nous **voudrions** vous **voudriez** ils / elles **voudraient**

文を組み立てるための規則

être, avoir, faire の半過去形（過去の状況・背景描写を言う時制）

être	j'étais tu étais il / elle / ça / on était	nous étions vous étiez ils / elles étaient
avoir	j'avais tu avais il / elle / ça / on avait	nous avions vous aviez ils / elles avaient
faire	je faisais tu faisais il / elle / ça / on faisait	nous faisions vous faisiez ils / elles faisaient

複合過去形（過去の行為、出来事を言う時制）の作り方

avoir の直説法現在形＋過去分詞

ただし、aller, venir, arriver（着く）、partir（出発する）等は、

être の直説法現在形＋過去分詞

être ＋過去分詞の場合、過去分詞は主語に性数一致（主語が女性なら **+e**、複数なら **+s**）。

🖉 目的補語の代名詞

フランス語では目的補語の代名詞は、動詞の前に置かれます。

直接目的補語		間接目的補語（à＋人・生物の代わり）	
me	私を	me	私に
te	君を	te	君に
le	彼を、それを	lui	彼に、彼女に、それに
la	彼女を、それを		
nous	私たちを	nous	私たちに
vous	あなたを、あなた達を	vous	あなたに、あなた達に
les	彼らを、彼女らを、それらを	leur	彼らに、彼女らに

Je t'aime. 私は君を愛している。
Je te téléphone ce soir. 私は君に今夜電話をする。

表では「～を」「～に」という訳を付けましたが、直接目的補語でも「～に」という訳になる動詞もあります（**Ex. Je la vois.** 私は彼女に会う）。

A

★	à	前置詞	p.127
★★★	à l'heure	成句	p.120
★★	abeille	名女	p.34
★	absent(e)	形	p.86
★★★	accent	名男	p.96
★★	accepter	動	p.88
★	accident	名男	p.74
★★	accoucher	動	p.11
★★★	accueil	名男	p.55
★★★	achat	名男	p.108
★	acheter	動	p.87
★★★	acide	形	p.30
★	acteur, actrice	名	p.3
★★	activité	名女	p.16
★	addition	名女	p.104
★★★	administratif, administrative	形	p.114
★★	admirer	動	p.83
★★	admission	名女	p.100
★★★	adolescent(e)	名	p.97
★	adorer	動	p.80
★	adresse	名女	p.98
★★	aéroport	名男	p.40
★★★	affirmer	動	p.130
★★	africain, africaine	形	p.4
★★★	âge	名男	p.12
★★★	âgé(e)	形	p.12
★★	agneau	名男	p.22
★★★	agréable	形	p.84
★★	agressif, agessive	形	p.71
★★	agriculteur, agricultrice	名	p.4
★★	agriculture	名女	p.113
★★	aider	動	p.88
★★	ail	名男	p.22
★★★	ailleurs	副	p.42
★★	aimable	形	p.70
★	aimer	動	p.80
★★★	aîné(e)	形	p.12
★★★	ainsi	副	p.130
★★	air	名男	p.34
★★	ajouter	動	p.124
★★	alcool	名男	p.28
★★★	alimentation	名女	p.30
★	allemand(e)	形	p.2
★	aller	動	p.38
★	aller simple	名男	p.40
★	allergie	名女	p.74
★★	aller-retour	名男	p.40
★★	allocation	名女	p.100
★★	allongé(e)	形	p.29
★★	allumer	動	p.89
★★	allumette	名女	p.59
★★★	alors	副	p.130
★	ambassade	名女	p.99
★★	ambulance	名女	p.76
★★★	amende	名女	p.48
★★★	amener	動	p.42
★★★	amer, amère	形	p.30
★	américain(e)	形	p.2
★	ami(e)	名	p.9
★	amitié	名女	p.9
★★	amour	名男	p.82
★	amoureux, amoureuse	形	p.9
★★★	amphithéâtre	名男	p.96
★★★	an	名男	p.120
★★	analyse	名女	p.107
★★	ananas	名男	p.23
★★	ancien, ancienne	形	p.52
★	anglais(e)	形	p.2
★★	animal	名男	p.34
★★	animateur, animatrice	名	p.5
★★★	année	名女	p.120
★★★	anniversaire	名男	p.120
★★	annonce	名女	p.101
★★	annuler	動	p.17
★★	antibiotique	名男	p.76

***	anxieux, anxieuse	形	p.84	*	attendre	動	p.87
*	août	名男	p.116	**	attention	名女	p.94
**	apéritif	名男	p.28	***	attestation	名女	p.102
**	appareil photo	名男	p.16	***	attitude	名女	p.73
***	apparence	名女	p.72	***	attraper	動	p.42
*	appartement	名男	p.50	*	Au revoir.	あいさつ	p.126
***	appartenir	動	p.6	***	auberge	名女	p.18
***	appeler	動	p.12	***	aubergine	名女	p.24
**	apporter	動	p.88	**	aucun(e)	形	p.124
**	apprécier	動	p.83	*	augmenter	動	p.111
*	apprendre	動	p.92	**	aujourd'hui	副	p.118
*	apprentissage	名男	p.92	***	aussi	副	p.6
**	approuver	動	p.83	*	autant	副	p.122
***	après	前置詞	p.120	*	automne	名男	p.33
**	après-demain	副	p.118	**	autorisé(e)	形	p.100
*	après-midi	名	p.117	***	autoroute	名女	p.48
**	arabe	形	p.4	*	autre	形	p.124
**	arbre	名男	p.34	*	avaler	動	p.77
*	argent	名男	p.104	***	avant	前置詞	p.120
**	arrêt	名男	p.41	**	avant-hier	副	p.118
**	arrivée	名女	p.40	**	avec	前置詞	p.129
*	arriver	動	p.86	**	avenir	名男	p.119
***	arrondissement	名男	p.48	**	avenue	名女	p.47
*	art	名男	p.15	***	aveugle	形	p.72
**	artisan(e)	名	p.5	*	avion	名男	p.39
*	artiste	名	p.3	**	avis	名男	p.82
*	ascenseur	名男	p.50	*	avocat(e)	名	p.3
**	asiatique	形	p.4	*	avoir	動	p.122
**	aspirateur	名男	p.59	***	avoir lieu	成句	p.19
**	aspirine	名女	p.76	*	avoir mal à	成句	p.74
*	assemblée	名女	p.110	***	avouer	動	p.130
*	assez	副	p.122	*	avril	名男	p.116
*	assiette	名女	p.27				
***	assis(e)	形	p.78		**B**		
***	assurance	名女	p.78	**	baccalauréat	名男	p.94
**	atelier	名男	p.106	**	bagage	名男	p.41
***	athée	名	p.6	**	bague	名女	p.64
***	attacher	動	p.90	***	baignoire	名女	p.54

★	bain	名男	p.51
★	baisser	動	p.111
★★	balai	名男	p.58
★★★	balcon	名男	p.54
★★	balle	名女	p.17
★★	ballon	名男	p.17
★★	banlieue	名女	p.46
★	banque	名女	p.44
★★★	bar	名男	p.24
★★★	barbe	名女	p.72
★★★	barbu(e)	形	p.72
★	basket	名男	p.14
★★	baskets	名女複	p.64
★	bateau	名男	p.39
★★	bâtiment	名男	p.46
★	batterie	名女	p.56
★★	bavard(e)	形	p.71
★★★	bavarder	動	p.130
★★★	bavette	名女	p.24
	beau(bel), belle	形	p.62
★	beaucoup	副	p.122
★★	beau-père	名男	p.10
★	bébé	名男	p.8
★★	belle-mère	名女	p.10
★★	bénévole	名	p.5
★	besoin	名男	p.99
★★	bête	名女	p.35
★	beurre	名男	p.21
★	bibliothèque	名女	p.45
★	bien	副	p.80
★	bière	名女	p.26
★★	bijou	名男	p.64
★★	billet	名男	p.40
★★	bise	名女	p.128
★	blanc, blanche	形	p.63
★★	blé	名男	p.22
★	blessé(e)	形	p.74
★	bleu(e)	形	p.63
★★	blond(e)	形	p.70
★	bœuf	名男	p.20
★	boire	動	p.26
★★	bois	名男	p.34
★	boisson	名女	p.26
★★★	boîte	名女	p.30
★★★	boîte aux lettres	名女	p.54
★	bon, bonne	形	p.21
★	Bon appétit !	表現	p.26
★	Bon courage !	表現	p.126
★	Bonjour.	あいさつ	p.126
★	Bonsoir.	あいさつ	p.126
★★★	bord	名男	p.43
★★	bottes	名女複	p.64
★	bouche	名女	p.68
★★	boucherie	名女	p.46
★★★	bouddhiste	形	p.6
★★★	bouger	動	p.42
★★	bouillir	動	p.29
★	boulangerie	名女	p.45
★★	boulevard	名男	p.47
★★★	bouquet	名男	p.60
★	bouteille	名女	p.27
★	boutique	名女	p.44
★★★	brancher	動	p.90
★	bras	名男	p.68
★★★	brasserie	名女	p.48
★★	Bravo !	表現	p.128
★★	brésilien, brésilienne	形	p.4
★★★	bricolage	名男	p.55
★★	brillant(e)	形	p.64
★	brioche	名女	p.23
★	briquet	名男	p.59
★★★	brochette	名女	p.30
★★	bronzé(e)	形	p.70
★★	brosse	名女	p.58
★	brouillard	名男	p.32
★★	bruit	名男	p.47

★★	brûlure	名女	p.77
★★	brun(e)	形	p.70
★★	bruyant(e)	形	p.47
★	bureau	名男	p.105
★	bus	名男	p.39
★	but	名男	p.105

C

★★	cabillaud	名男	p.22
★★	cachet	名男	p.77
★★	cadeau	名男	p.129
★	café	名男	p.26
★	cahier	名女	p.56
★★	caisse	名女	p.46
★★★	caissier, caissière	名	p.6
★★	calculer	動	p.106
★★★	calmar / calamar	名男	p.24
★★	calme	形	p.70
★★★	camion	名男	p.42
★★	campagne	名女	p.34
★★★	camping	名男	p.18
★★★	campus	名男	p.96
★	canapé	名男	p.50
★★★	canard	名男	p.24
★	cancer	名男	p.74
★	candidat(e)	名	p.110
★★★	cannelle	名女	p.24
★★	cantine	名女	p.107
★★	capable	形	p.106
★★	capitale	名女	p.46
★★★	car	接	p.130
★★	caractère	名男	p.70
★	carafe	名女	p.27
★	carotte	名女	p.20
★★★	carré(e)	形	p.66
★★	carrefour	名男	p.47
★★★	carrière	名女	p.108
★★	carte	名女	p.28
★	carte bancaire	名女	p.104
★★	carte postale	名女	p.16
★★★	carton	名男	p.60
★★	casquette	名女	p.64
★★	casserole	名女	p.29
★★★	cathédrale	名女	p.48
★★★	catholique	形	p.6
★	ceinture	名女	p.62
★★	célibataire	形	p.10
★★	cendrier	名男	p.59
★★	centre commercial	名男	p.46
★	centre-ville	名男	p.44
★★★	cependant	接	p.130
★★★	cercle	名男	p.66
★★	cerise	名女	p.23
★★	cerisier	名男	p.34
★★	certain(e)	形	p.124
★★★	certainement	副	p.130
★★★	certificat	名男	p.102
★	chacun(e)	代名詞	p.123
★★★	chaîne	名女	p.18
★	chaise	名女	p.50
★	chaleur	名女	p.32
★	chambre	名女	p.50
★★	champ	名男	p.34
★	champignon	名男	p.20
★★	champion, championne	名	p.17
★★	change	名男	p.106
★★	changement	名男	p.101
★★	changer	動	p.40
★	chanson	名女	p.14
★	chanter	動	p.14
★★	chanteur, chanteuse	名	p.4
★	chapeau	名男	p.62
★	chaque	形	p.123
★	charcuterie	名女	p.20
★★★	chargé(e)	名	p.108
★★★	charger	動	p.108

★★★ chariot	名男	p.60
★ chat	名男	p.8
★★ chatain(e)	形	p.70
★ chaud(e)	形	p.32
★★ chauffage	名男	p.53
★★ chauffeur	名	p.5
★ chaussures	名女複	p.62
★★ chauve	形	p.70
★★ chef	名男	p.106
★★ chemin	名男	p.47
★ chemise	名女	p.62
★★ chêne	名男	p.34
★ chèque	名男	p.104
★ cher, chère	形	p.62
★ chercher	動	p.57
★★ cheval	名男	p.35
★★ cheveux	名男複	p.70
★★ chèvre	名男	p.23
★ chez	前置詞	p.39
★★ chic	形	p.65
★ chien	名男	p.9
★ chiffre	名男	p.122
★★ chimie	名女	p.94
★ chinois(e)	名	p.2
★★ chirurgien, chirurgienne	名	p.76
★ choisir	動	p.86
★★★ choix	名男	p.6
★★ chômage	名男	p.113
★★ chômeur(se)	名	p.113
★★ choquer	動	p.83
★ chose	名女	p.56
★★★ chou	名男	p.24
★★ cigarette	名女	p.59
★★★ cinéaste	名	p.6
★ cinéma	名男	p.14
★★★ cirque	名男	p.18
★★ ciseaux	名男	p.58
★★ citoyen(ne)	名	p.113
★ citron	名男	p.20
★★ clair(e)	形	p.65
★ classe	名女	p.92
★★★ classer	動	p.109
★ clé / clef	名女	p.50
★★ client(e)	名	p.11
★★★ clientèle	名女	p.12
★★ clinique	名女	p.76
★★★ club	名男	p.114
★ cocher	動	p.98
★★ cochon	名男	p.35
★ code postal	名男	p.98
★ cœur	名男	p.68
★★ colère	名女	p.81
★★★ colin	名男	p.24
★★ colis	名男	p.101
★★★ collant(s)	名男複	p.66
★ collège	名男	p.44
★★ collègue	名	p.11
★★ coller	動	p.88
★★ collier	名男	p.64
★★ colocataire	名	p.52
★ combien	副	p.123
★★ comédien, comédienne	名	p.5
★★ commander	動	p.100
★★★ comme	接	p.130
★ commencer	動	p.86
★ comment	副	p.127
★ commerçant(e)	名	p.5
★★ commerce	名男	p.111
★ commissariat	名男	p.46
★★ compagnon	名男	p.11
★★ complet, complète	形	p.28
★★ compléter	動	p.100
★★★ comportement	名男	p.73
★ comprendre	動	p.92
★★ comprimé	名男	p.77
★★★ compris(e)	形	p.102

★★	compte	名男	p.101
★	compter	動	p.104
★★★	comptoir	名男	p.54
★	concert	名男	p.14
★★	concombre	名男	p.22
★★★	concours	名男	p.96
★★★	condition	名女	p.108
★★★	conduire	動	p.42
★	confiance	名女	p.81
★★	confiture	名女	p.28
★★★	confortable	形	p.84
★★★	connaissance	名女	p.12
★★★	connaître	動	p.12
★★★	conscience	名女	p.85
★★	conservateur, conservatrice	形	p.112
★★★	consigne	名女	p.102
★★★	constitution	名女	p.114
★	consulat	名男	p.99
★★	consultation	名女	p.76
★★	contact	名男	p.11
★	content(e)	形	p.80
★★★	continent	名男	p.36
★	continuer	動	p.38
★★★	contrat	名男	p.108
★★★	contrôle	名男	p.96
★★★	contrôler	動	p.114
★★	conversation	名女	p.128
★	copain	名男	p.9
★★	copier	動	p.88
★	copine	名女	p.9
★★★	coq	名男	p.36
★★★	coquille Saint-Jacques	名女	p.24
★★★	cordialement	副	p.84
★	coréen, coréenne	形	p.2
★★★	corps	名男	p.72
★★	correction	名女	p.94
★★	correspondance	名女	p.40
★★	corriger	動	p.94
★★★	cosmetique	形	p.60
★	côté	名男	p.39
★★	coton	名男	p.65
★	cou	名男	p.68
★★★	couché(e)	形	p.78
★★	couette	名女	p.58
★	couleur	名女	p.63
★	couloir	名男	p.50
★★★	coupe du monde	名女	p.19
★★	couper	動	p.29
★	couple	名男	p.9
★	cour	名女	p.92
★★	courageux, courageuse	形	p.71
★★	courgette	名女	p.22
★★	courir	動	p.88
★★	courrier	名男	p.101
★	cours	名男	p.92
★★	course	名女	p.17
★★	court(e)	形	p.63
★	couteau	名男	p.26
★	coûter	動	p.104
★★	couvert	名男	p.28
★★	couverture	名女	p.58
★	crayon	名男	p.56
★★	crèche	名女	p.106
★★★	crémerie	名女	p.48
★	crevette	名女	p.20
★★★	crier	動	p.130
★	crise	名女	p.110
★	croire	動	p.80
★	croissant	名男	p.21
★	cuillère / cuiller	名女	p.27
★★	cuir	名男	p.65
★★	cuire	動	p.28
★	cuisine	名女	p.51
★★	cuisinière	名女	p.53
★★	cuisson	名女	p.29
★	curieux, curieuse	形	p.81

★	curiosité	名女	p.81
★	CV	名男	p.104

D

★★	d'abord	副	p.129
★★	d'accord	副	p.126
★★	danger	名男	p.35
★	dans	前置詞	p.51
★	danse	名女	p.15
★	danser	動	p.15
★★	danseur, danseuse	名	p.5
★	date	名女	p.98
★★★	dauphin	名男	p.36
★★★	daurade	名女	p.24
★	de	前置詞	p.127
★★	de temps en temps	成句	p.119
★	débat	名男	p.104
★★★	debout	副	p.78
★★★	débrancher	動	p.90
★★★	début	名男	p.120
★	débutant(e)	形	p.93
★	décembre	名男	p.116
★★★	décès	名男	p.102
★★	décevoir	動	p.83
★★	décider	動	p.106
★★★	déclaration	名女	p.102
★★★	découverte	名女	p.18
★★★	découvrir	動	p.18
★★	décrire	動	p.100
★	déçu(e)	形	p.81
★★★	dégoûtant(e)	形	p.84
★	degré	名男	p.32
★	déjeuner	名男	p.26
★	délicieux, délicieuse	形	p.26
★★★	délivrance	名女	p.102
★★	demain	副	p.118
★	demander	動	p.126
★★★	déménagement	名男	p.54
★★★	déménager	動	p.54
★	demi	名男	p.122
★★★	démission	名女	p.108
★	démocratie	名女	p.110
★	dent	名女	p.68
★★	dentifrice	名男	p.58
★★	dentiste	名	p.76
★★	départ	名男	p.40
★★★	département	名男	p.48
★★	dépenser	動	p.106
★★	dépression	名女	p.82
★★★	depuis	前置詞	p.120
★★	député(e)	名	p.112
★★	déranger	動	p.128
★★	dernier, dernière	形	p.118
★	derrière	前置詞	p.39
★★★	dès	前置詞	p.120
★	descendre	動	p.38
★★★	désert	名男	p.37
★★★	désespéré(e)	形	p.84
★★★	désespoir	名男	p.84
★	désolé(e)	形	p.81
★★	dessert	名男	p.28
★★★	destinataire	名	p.101
★★★	destination	名女	p.42
★	détester	動	p.80
★	devant	前置詞	p.39
★★	développer	動	p.107
★	devenir	動	p.3
★★★	deviner	動	p.90
★	devoir	動	p.92
★★★	d'habitude	副	p.90
★★	dialogue	名男	p.128
★	dictionnaire	名男	p.92
★	différence	名女	p.57
★	différent(e)	形	p.57
★	difficile	形	p.92
★★★	digestif, digestive	形	p.78

★	dimanche	名男	p.117	★★★	échanger	動	p.130
★★	dinde	名女	p.22	★★	écharpe	名女	p.64
★	dîner	名男	p.26	★★	échec	名男	p.95
★★	diplôme	名男	p.94	★★	échouer	動	p.95
★	dire	動	p.126	★	école	名女	p.44
★★	direct(e)	形	p.40	★★★	école primaire	名女	p.97
★★	directeur, directrice	名	p.106	★★	écologie	名女	p.113
★★★	discours	名男	p.130	★	économie	名女	p.110
★★	discret, discrète	形	p.70	★	économique	形	p.110
★★	discussion	名女	p.128	★	écouter	動	p.14
★★	discuter	動	p.128	★	écrire	動	p.93
★★★	disponible	形	p.60	★★	écrit	名男	p.95
★★	distributeur	名男	p.101	★★★	éducation	名女	p.96
★★	divers(es)	形複	p.124	★★	effet	名男	p.107
★★	divorce	名男	p.10	★★	égal(e)	形	p.112
★★	divorcé(e)	形	p.10	★★★	égalité	名女	p.114
★★	divorcer	動	p.10	★	église	名女	p.45
★	doigt	名男	p.68	★★	égoïste	形	p.71
★★	domestique	形	p.35	★	élection	名女	p.110
★★★	domicile	名男	p.54	★★	électricité	名女	p.53
★★	donc	接副	p.129	★	élégant(e)	形	p.63
★	donner	動	p.86	★★	éléphant	名男	p.35
★	dormir	動	p.87	★	élève	名	p.93
★	dos	名男	p.69	★★	élire	動	p.112
★	dossier	名男	p.98	★★★	éloigner	動	p.42
★	douche	名女	p.51	★★	emballer	動	p.129
★★★	douleur	名女	p.78	★★★	embarquement	名男	p.42
★	douter	動	p.80	★	embêté(e)	形	p.81
★	doux, douce	形	p.58	★★★	embouteillage	名男	p.48
★	douzaine	名女	p.122	★★	embrasser	動	p.128
★★	drap	名男	p.58	★★★	émission	名女	p.18
★	droit	副	p.38	★★	emploi	名男	p.106
★	droite	名女	p.38	★★	employé(e)	名	p.106
★★	drôle	形	p.71	★★	emporter	動	p.88
★	dur(e)	形	p.57	★★	emprunter	動	p.58
				★★	en	前置詞	p.40
	E			★	enchanté(e)	あいさつ	p.126
★	eau	名女	p.26	★★	encore	副	p.124

★★★ endormir	動	p.78
★★ énergique	形	p.70
★★ énerver	動	p.83
★ enfant	名	p.8
★★ enfin	副	p.129
★★ enlever	動	p.88
★★ ennemi	名男	p.11
★★ ennui	名男	p.82
★★ ennuyer	動	p.83
★★ énorme	形	p.52
★★★ enregistrement	名男	p.42
★★ enregistrer	動	p.89
★ enrhumé(e)	形	p.74
★★ enseigner	動	p.95
★★★ ensemble	副	p.12
★ ensoleillé(e)	形	p.32
★★ ensuite	副	p.129
★★ entendre	動	p.128
★★ enthousiasme	名男	p.82
★★ entourer	動	p.100
★★★ entrecôte	名女	p.24
★★ entrée	名女	p.52
★★ entreprise	名女	p.113
★★ entrer	動	p.52
★★ entretien	名男	p.107
★ enveloppe	名女	p.56
★ envie	名女	p.81
★ envoyer	動	p.98
★★★ épais, épaisse	形	p.66
★ épaule	名女	p.68
★★ épeler	動	p.100
★★★ épicé(e)	形	p.30
★★★ épicerie	名女	p.48
★★ épinard	名男	p.22
★★ éplucher	動	p.29
★★ éponge	名女	p.59
★★ épouse	名女	p.10
★★ époux	名男	p.10
★★★ épreuve	名女	p.96
★★ équipe	名女	p.17
★ erreur	名女	p.93
★★ escalier	名男	p.52
★★★ escalope	名女	p.24
★ espagnol(e)	形	p.2
★ espèces	名女複	p.104
★ espérer	動	p.80
★★ espoir	名男	p.82
★★★ esprit	名男	p.72
★★ essayer	動	p.64
★★★ essence	名女	p.43
★★ essuyer	動	p.59
★ estomac	名男	p.68
★ et	接	p.126
★★★ établissement	名男	p.96
★ étage	名男	p.50
★ état	名男	p.110
★ état civil	名男	p.98
★ été	名男	p.33
★★ éteindre	動	p.89
★ étoile	名女	p.33
★★★ étonnant(e)	形	p.84
étranger, étrangère	名	p.2
★★★ étroit(e)	形	p.55
★ étudiant(e)	名	p.3
★ étudier	動	p.92
★★ européen, européenne	形	p.4
★★★ événement	名男	p.90
★★ évier	名男	p.53
★★★ exagérer	動	p.90
★ examen	名男	p.75
★★ examiner	動	p.74
★★★ exclu(e)	形	p.102
★★★ excuse	名女	p.130
★ excuser	動	p.126
★ exemple	名男	p.92
★ exercice	名男	p.92

★★★ exister	動	p.37
★★ expéditeur, expéitrice	名	p.101
★ expérience	名女	p.104
★★★ expiration	名女	p.102
★ explication	名女	p.93
★ expliquer	動	p.93
★ exposition	名女	p.15

F

★ facile	形	p.92
★★ façon	名女	p.89
★★★ facture	名女	p.102
★ faible	形	p.57
★★★ faiblesse	名女	p.78
★ faim	名女	p.75
★ faire	動	p.86
★★★ faire partie	動	p.6
★ falloir	動	p.105
★ famille	名女	p.8
★ fatigué(e)	形	p.74
★ faute	名女	p.93
★★★ fauteuil	名男	p.54
★ faux, fausse	形	p.93
★★★ faux-filet	名男	p.24
★★ Félicitations !	表現	p.128
★★★ féminin(e)	形	p.6
★ femme	名女	p.8
★ fenêtre	名女	p.51
★★★ fer	名男	p.48
★★★ fer à repasser	名男	p.60
★★ ferme	名女	p.34
★ fermé(e)	形	p.45
★ fermer	動	p.87
★ fesses	名女複	p.69
★★ fête	名女	p.16
★★★ feu	名男	p.42
★★ feuille	名女	p.34
★ février	名男	p.116
★ fiche	名女	p.98
★★★ fichier	名男	p.48
★★ fierté	名女	p.82
★ fièvre	名女	p.74
★ fille	名女	p.8
★ film	名男	p.14
★ fils	名男	p.8
★★★ fin	名女	p.120
★ finir	動	p.86
★★ fixer	動	p.107
★★ fleur	名女	p.34
★★★ fleuve	名男	p.36
★★ fois	名女	p.119
★★★ folie	名女	p.114
★★ foncé(e)	形	p.65
★★★ fonctions	名女複	p.108
★ fonctionnaire	名	p.3
★ football	名男	p.14
★★★ force	名女	p.78
★★ forêt	名女	p.34
★★ formation	名女	p.106
★★★ forme	名女	p.66
★ formulaire	名男	p.99
★ fort(e)	形	p.57
★★ foulard	名男	p.64
★★★ foule	名女	p.48
★ fourchette	名女	p.27
★★★ fragile	形	p.66
★★ frais, fraîche	形	p.29
★★ fraise	名女	p.23
★ français(e)	形	p.2
★★★ fraternité	名女	p.114
★ frère	名男	p.8
★★ frigo	名男	p.53
★★ frites	名女複	p.28
★ froid(e)	形	p.32
★ fromage	名男	p.20
★★★ frontière	名女	p.43

 = ★   = ★★★

★	fruit	名男	p.20
★★★	fumé(e)	形	p.30
★★★	fumée	名女	p.37
★★★	fumeur, fumeuse	名	p.54
★★	futur	名男	p.94

G

★	gagner	動	p.104
★★	gai(e)	形	p.47
★★	gants	名男複	p.64
★★	garage	名男	p.53
★	garçon	名男	p.8
★★	garder	動	p.100
★	gare	名女	p.44
★	gâteau	名男	p.21
★	gauche	形	p.38
★★	gaz	名男	p.53
★	gelé(e)	形	p.32
★★	généraliste	名	p.76
★	genou	名男	p.69
★★★	genre	名男	p.60
★	gens	名男複	p.111
★★	gentil, gentille	形	p.70
★★	géographie	名女	p.94
★★★	geste	名男	p.90
★★★	gingembre	名男	p.25
★	glace	名女	p.21
★	glacé(e)	形	p.32
★	gomme	名女	p.56
★	gorge	名女	p.68
★★★	goût	名男	p.30
★★	goûter	動	p.29
★	gouvernement	名男	p.110
★	grammaire	名女	p.92
★	gramme	名男	p.122
★	grand(e)	形	p.69
★★★	grandir	動	p.72
★★	grand magasin	名男	p.46
★	grand-mère	名女	p.8
★	grand-père	名男	p.8
★	gratuit	形	p.104
★	grave	形	p.74
★★	grec, grecque	形	p.4
★	grève	名女	p.110
★★	grillé(e)	形	p.29
★	grippe	名女	p.74
★★	gris(e)	形	p.65
★	gros, grosse	形	p.69
★	grossir	動	p.75
★	groupe	名男	p.111
★	guéri(e)	形	p.75
★	guerre	名女	p.110
★★	guichet	名男	p.40
★★	guide	名	p.16
★	guitare	名女	p.14
★★★	gymnastique	名女	p.18
★★	gynécologue	名	p.76

H

★	habiter	動	p.50
★★★	habitude	名女	p.90
★★	haine	名女	p.82
★★★	handicapé(e)	形	p.72
★★	haricots verts	名男複	p.22
★★★	hauteur	名女	p.54
★★★	hebdomadaire	名男	p.60
★★	heure	名女	p.118
★	heureux, heureuse	形	p.80
★★	hier	副	p.118
★★	histoire	名女	p.94
★	hiver	名男	p.33
★	homme	名男	p.8
★★	honnête	形	p.70
★	honte	名女	p.81
★	hôpital	名男	p.45
★★	horaire	名男	p.106

★★★	horloge	名女	p.60
★★★	horrible	形	p.84
★	hôtel	名男	p.45
★★	huile	名女	p.28
★★	huître	名女	p.22
★★	humain(e)	形	p.70
★★	humeur	名女	p.82
★	humide	形	p.32

I

★	ici	副	p.38
★★	idée	名女	p.128
★★★	île	名女	p.36
★★★	il y a 時の表現	成句	p.120
★★★	immense	形	p.54
★★	immeuble	名男	p.46
★★	immigration	名女	p.112
★★	immigré(e)	名	p.112
★★	important(e)	形	p.100
★★	impôt	名男	p.113
★★	imprimer	動	p.89
★★★	incendie	名男	p.37
★★★	inclus(e)	形	p.102
★★	indonésien, indonésienne	形	p.4
★	industrie	名女	p.110
★	infirmier, infirmière	名	p.3
★★★	informaticien, informaticienne	名	p.6
★	information	名女	p.105
★★	informatique	名女	p.94
★★	infusion	名女	p.77
★	ingénieur(e)	名	p.3
★	inscription	名女	p.98
★★★	installer	動	p.90
★★★	insupportable	形	p.84
★	intelligent(e)	形	p.93
★	intention	名女	p.81
★★	interdit(e)	形	p.100
★★★	intéressant(e)	形	p.84
★★	international(e)	形	p.112
★★	Internet	名男	p.16
★★	interprète	名	p.4
★★★	interpréter	動	p.130
★★★	interroger	動	p.130
★★★	introduire	動	p.102
★★	invisible	形	p.112
★★★	invité(e)	名	p.12
★★★	inviter	動	p.12
★	italien, italienne	形	p.2

J

★★★	jaloux, jalouse	形	p.84
★★★	jamais	副	p.120
★	jambe	名女	p.69
★	jambon	名男	p.20
★	janvier	名男	p.116
★	japonais(e)	形	p.2
★	jardin	名男	p.50
★	jaune	形	p.63
★★	jean(s)	名男	p.64
★★★	jeter	動	p.90
★★	jeu vidéo	名男	p.16
★	jeudi	名男	p.116
★★★	jeune	形	p.12
★★★	jeux Olympiques	名男複	p.19
★★	joie	名女	p.82
★	joli(e)	形	p.62
★★	joue	名女	p.68
★★	jouer	動	p.89
★★	jouet	名男	p.58
★★	joueur, joueuse	名	p.4
★	jour	名男	p.117
★★	journal	名男	p.86
★	journaliste	名	p.3
★★	journée	名女	p.118
★★★	joyeux, joyeuse	形	p.84
★★★	juif, juive	形	p.6

★	juillet	名男	p.116
★	juin	名男	p.116
★	jupe	名女	p.62
★	jus	名男	p.26
★★★	jusqu'à	前置詞	p.120
★★★	jusque	前置詞	p.120
★★	justice	名女	p.112
★★★	justifier	動	p.96

K

★	kilo	名男	p.122

L

★	là	副	p.38
★	la plupart	名女	p.123
★	là-bas	副	p.38
★★★	lac	名男	p.36
★★	laine	名女	p.65
★	laisser	動	p.87
★	lait	名男	p.21
★★★	lancer	動	p.108
★	langue	名女	p.92
★★★	lapin	名男	p.36
★★★	lardon	名男	p.24
★★	large	形	p.52
★★★	largeur	名女	p.54
★★	lavabo	名男	p.53
★★	lavage	名男	p.88
★	leçon	名女	p.92
★★★	lecteur, lectrice	名	p.18
★	lecture	名女	p.14
★	léger, légère	形	p.57
★	légume	名男	p.20
★★	lendemain	名男	p.118
★★	lent(e)	形	p.41
★★★	lentilles	名女複	p.25
★★	lessive	名女	p.58
★	lettre	名女	p.98
★	lèvre	名女	p.68
★★	libanais(e)	形	p.4
★★	libéral(e)	形	p.112
★★★	liberté	名女	p.114
★★	librairie	名女	p.46
★	libre	形	p.86
★★	licence	名女	p.95
★	lieu	名男	p.98
★★	ligne	名女	p.41
★★	lin	名男	p.65
★★	lion	名男	p.35
★★★	liquide	形	p.60
★	lire	動	p.15
★	lit	名男	p.50
★	litre	名男	p.123
★	livre	名男	p.56
★★	locataire	名	p.52
★★	location	名女	p.100
★	logement	動	p.50
★★	loi	名女	p.112
★	loin	副	p.38
★	loisir	名男	p.16
★★	long, longue	形	p.52
★★	longtemps	副	p.118
★★★	longueur	名女	p.54
★★	louer	動	p.100
★	lourd(e)	形	p.57
★★	loyer	名男	p.100
★★	lumière	名女	p.53
★	lundi	名男	p.116
★	lune	名女	p.33
★	lunettes	名女複	p.62
★	lycée	名男	p.44

M

★★	machine à laver	名女	p.58
★★	madame	名女	p.11
★	magasin	名男	p.44

***	magazine	名男	p.18		**	maternité	名女	p.76
*	mai	名男	p.116		**	mathématiques	名女複	p.94
*	maigre	形	p.69		**	matière	名女	p.94
*	maigrir	動	p.75		*	matin	名男	p.117
***	maillot de bain	名男	p.18		**	matinée	名女	p.118
*	main	名女	p.68		*	mauvais(e)	形	p.21
**	maintenant	副	p.118		**	mécanicien, mécanicienne	名	p.5
**	maire	名	p.5		**	méchant(e)	形	p.71
*	mairie	名女	p.44		*	médecin	名	p.3
*	mais	接	p.127		**	médicament	名男	p.76
**	maïs	名男	p.22		**	méfiance	名女	p.82
*	maison	名女	p.50		**	mélanger	動	p.29
***	maître, maîtresse	名	p.96		*	même	形	p.57
***	majorité	名女	p.114		**	ménage	名男	p.52
*	malade	形	p.74		**	mensonge	名男	p.128
*	maladie	名女	p.74		***	mentalité	名女	p.72
**	maladroit(e)	形	p.71		**	menteur, menteuse	名	p.128
***	malheureux, malheureuse	形	p.84		**	menu	名男	p.28
**	maman	名女	p.10		***	mer	名女	p.36
*	manger	動	p.26			Merci.	表現	p.126
**	manière	名女	p.89			mercredi	名男	p.116
*	manifestation	名女	p.110		*	mère	名女	p.8
***	manifester	動	p.114		**	message	名男	p.128
**	manquer	動	p.83		***	mesurer	動	p.72
*	manteau	名男	p.62		*	météo	名女	p.32
**	manuel	名男	p.94		*	métier	名男	p.2
**	maquereau	名男	p.22		*	mètre	名男	p.122
*	marché	名男	p.44		*	métro	名男	p.39
*	marcher	動	p.38		*	mettre	動	p.86
*	mardi	名男	p.116		**	meublé(e)	形	p.52
*	mari	名男	p.8		*	midi	名男	p.117
**	mariage	名男	p.10		*	mince	形	p.69
**	marié(e)	形	p.10		**	ministère	名男	p.110
***	marron	形	p.66		*	ministre	名男	p.110
*	mars	名男	p.116		***	minorité	名女	p.114
***	masculin(e)	形	p.6		**	minuit	名男	p.118
**	match	名男	p.17		**	minute	名女	p.118
***	maternelle	名女	p.97		*	mode	名女	p.63

★★★	moderne	形	p.120
★★	modification	名女	p.101
★	moins	副	p.122
★	mois	名男	p.116
★	moitié	名女	p.122
★★★	moment	名男	p.120
★★★	monarchie	名女	p.114
★	monde	名男	p.111
★	monnaie	名女	p.104
★★	monsieur	名男	p.11
★★	montagne	名女	p.34
★	monter	動	p.38
★	montre	名女	p.62
★★★	morale	名男	p.78
★★★	morceau	名男	p.30
★★★	mort(e)	形	p.12
★★★	mosquée	名女	p.48
★	mot	名男	p.92
★	mot de passe	名男	p.98
★	moto	名女	p.39
★★★	mou, moulle	形	p.66
★★★	mouche	名女	p.36
★★	mouchoir	名男	p.58
★★★	mouillé(e)	形	p.36
★★	moule	名女	p.22
★★★	moustache	名女	p.72
★★★	moustique	名男	p.36
★★	moutarde	名女	p.28
★★	mouton	名男	p.35
★★★	moyenne	名女	p.96
★★	mur	名男	p.52
★★★	mûr(e)	形	p.30
★★★	muscle	名男	p.72
★	musée	名男	p.45
★★	musicien, musicienne	名	p.4
★	musique	名女	p.14
★★★	musulman(e)	形	p.6

N

★★★	nager	動	p.18
★★	naissance	名女	p.11
★	natation	名女	p.14
★	natif, native	形	p.2
★★	national(e)	形	p.112
★	nationalité	名女	p.2
★★	nature	名女	p.34
★★★	navet	名男	p.24
★★★	né(e)	形	p.12
★	nécessaire	形	p.57
★★★	négocier	動	p.130
★	neige	名女	p.32
★★	nerveux, nerveuse	形	p.71
★★	nettoyer	動	p.52
★	neuf, neuve	形	p.62
★★	neveu	名男	p.10
★	nez	名男	p.68
★★	nièce	名女	p.10
★	noir(e)	形	p.63
★★	noix	名女	p.22
★	nom	名男	p.98
★	nombre	名男	p.122
★★★	non-fumeur, non-fumeuse	名	p.54
★★★	note	名女	p.96
★★	nouilles	名女複	p.28
	nouveau (nouvel), nouvelle	形	p.62
★	novembre	名男	p.116
★★	noyau	名男	p.22
★	nuage	名男	p.32
★	nuit	名女	p.117
★	numéro	名男	p.98

O

★★★	objectif	名男	p.96
★	obligatoire	形	p.99
★★★	observer	動	p.90
★★★	obtenir	動	p.108

★★	occupé(e)	形	p.52
★★★	océan	名男	p.36
★	octobre	名男	p.116
★★★	odeur	名男	p.48
★	œil (複数形はyeux)	名男	p.68
★	œuf	名男	p.21
★★★	oiseau	名男	p.36
★★	oncle	名男	p.10
★	ongle	名男	p.68
★★	opéra	名男	p.16
★★★	opération	名女	p.78
★★	opinion	名女	p.128
★★	opposition	名女	p.101
★★	or	名男	p.64
★	orage	名男	p.32
★★	oral	名男	p.96
★	orange	名女	p.20
★	ordinateur	名男	p.56
★★	ordonnance	名女	p.76
★	oreille	名女	p.68
★★	oreiller	名男	p.58
★	origine	名女	p.2
★★★	os	名男	p.72
★	ou	接	p.126
★	où	副	p.127
★	oublier	動	p.87
★	ouvert(e)	形	p.45
★	ouvrir	動	p.87

P

★★	pacsé(e)	形	p.10
★★	paiement	名男	p.106
★	pain	名男	p.21
★	paix	名女	p.110
★★★	pâle	形	p.66
★★	pamplemousse	名男	p.23
★★★	panneau	名男	p.48
★★★	pansement	名男	p.78
★	pantalon	名女	p.62
★★	papa	名男	p.10
★	papiers	名男複	p.99
★★	paquet	名男	p.59
★★	parapluie	名男	p.56
★	parc	名男	p.44
★	parce que	接	p.127
★	Pardon.	表現	p.126
★	pareil, pareille	形	p.57
★	parents	名男複	p.8
★★	parfois	副	p.119
★	parfum	名男	p.56
★★	parking	名男	p.46
★	parler	動	p.126
★★	partager	動	p.88
★★	parti	名男	p.112
★★★	participer	動	p.19
★★	partie	名女	p.124
★	partir	動	p.86
★★★	partout	副	p.43
★★★	passage	名男	p.48
★★★	passager, passagère	名男	p.43
★★	passé	名男	p.94
★	passeport	名男	p.99
★	passer	動	p.38
★★	passion	名女	p.82
★★	pastèque	名女	p.23
★	pâtes	名女複	p.21
★	patient(e)	名	p.74
★★	pâtisserie	名女	p.46
★	patron, patronne	名	p.106
★★	pause	名女	p.87
★	pauvre	形	p.111
★	payant(e)	形	p.104
★★	payé(e)	形	p.106
★	payer	動	p.104
★	pays	名男	p.2
★★★	péage	名男	p.42

★★★	peau	名女	p.72
★	pêche	名女	p.20
★★★	pêcher	動	p.18
★★	peigne	名男	p.58
★★	peindre	動	p.16
★★★	peine	名女	p.78
★★	peintre	名	p.16
★★	pelouse	名女	p.34
★★★	pendant	前置詞	p.120
★	penser	動	p.80
★	perdre	動	p.87
★	père	名男	p.8
★	permis de conduire	名男	p.99
★	personne	名女	p.9
★★★	personnel	名男	p.108
★★★	perte	名女	p.102
★★	péruvien, péruvienne	形	p.4
★★★	peser	動	p.72
★	petit ami	名男	p.9
★	petit(e)	形	p.69
★	petit-déjeuner	名男	p.26
★	petite amie	名女	p.9
★	petite-fille	名女	p.8
★	petit-fils	名男	p.8
★★★	petits pois	名男複	p.24
★	petits-enfants	名男複	p.8
★	peur	名女	p.81
★	pharmacie	名女	p.45
★★	philosophie	名女	p.94
★★	photo	名女	p.16
★★★	phrase	名女	p.96
★★★	physique	形	p.72
★	piano	名男	p.14
★	pièce	名女	p.50
★	pièce d'identité	名女	p.99
★★	pied	名男	p.40
★★	pilule	名女	p.77
★★	piqûre	名女	p.77
★	piscine	名女	p.14
★★★	placard	名男	p.54
★	place	名女	p.44
★★★	plafond	名男	p.54
★★★	plage	名女	p.36
★★	plainte	名女	p.82
★★	plaire	動	p.83
★★	plaisanter	動	p.128
★★	plaisir	名男	p.82
★★	plan	名男	p.41
★★★	plancher	名男	p.54
★	planète	名女	p.33
★★	plante	名女	p.34
★★★	plastique	形	p.60
★★	plat	名男	p.28
★	plein(e)	形	p.122
★★	pleurer	動	p.82
★★	pleuvoir	動	p.32
★★★	plombier, plombière	名	p.6
★★	pluie	名女	p.32
★★★	pluriel	名男	p.96
★	plus	副	p.122
★★	plus tard	成句	p.119
★★★	pneu	名男	p.42
★★	poêle	名女	p.28
★	poids	名男	p.123
★★	poil	名男	p.70
★★★	point	名男	p.96
★★	pointure	名女	p.64
★★	poire	名女	p.23
★★	poireau	名男	p.22
★★	poisson	名男	p.20
★★★	poisonnerie	名女	p.48
★★	poitrine	名女	p.68
★★	poivre	名男	p.26
★★	poivron	名男	p.22
★★	police	名女	p.46

★★	policier, policière	名	p.4	★	prix	名男	p.104
★	politique	名女	p.110	★★	prochain(e)	形	p.118
★	pomme	名女	p.20	★★★	proche	形	p.42
★★	pomme de terre	名女	p.23	★★	production	名女	p.107
★	pont	名男	p.44	★★★	produit	名男	p.60
★	porc	名男	p.20	★	professeur	名	p.3
★★	port	名男	p.40	★	profession	名女	p.2
★	portable	名男	p.56	★	professionnel, ~elle	形	p.2
★	porte	名女	p.50	★★★	profonde(e)	形	p.36
★	possible	形	p.111	★★★	programme	名男	p.18
★	poste	名女	p.44	★★★	progrès	名男	p.108
★★	poubelle	名女	p.52	★	projet	名男	p.105
★★★	poule	名女	p.36	★★★	prolonger	動	p.109
★	poulet	名男	p.20	★★	promettre	動	p.107
★★★	poulpe	名男	p.24	★★★	promotion	名女	p.108
★★	pour	前置詞	p.129	★★	promenade	名女	p.16
★★	pourboire	名男	p.28	★	prononcer	動	p.94
★	pourquoi	副	p.127	★	proposer	動	p.86
★★	pousser	動	p.88	★	propre	形	p.56
★	pouvoir	動	p.105	★★	propriétaire	名	p.52
★★★	pratiquer	動	p.90	★★★	protestant(e)	名	p.6
★★	préfecture	名女	p.46	★★	province	名女	p.46
★	préférer	動	p.80	★★	psychologue	名	p.76
★	premier, première	形	p.50	★★	public, publique	形	p.112
★	prendre	動	p.38	★★★	publicité	名女	p.18
★	prénom	名男	p.98	★★★	publier	動	p.109
★	préparer	動	p.27	★★★	puisque	接	p.130
★	près	副	p.38	★	pull	名男	p.62
★★★	présent(e)	形	p.90				
★★★	présenter	動	p.12				
★	presque	副	p.123				
★★	presse	名女	p.46				
★★	prêter	動	p.58				
★★★	preuve	名女	p.102				
★★★	prier	動	p.91				
★★★	prière	名女	p.91				
★	printemps	名男	p.33				
★★	privé(e)	形	p.112				

Q

★★	quai	名男	p.41
★★★	qualité	名女	p.60
★	quand	副	p.127
★	quart	名男	p.122
★★	quartier	名男	p.46
★	que	疑代	p.127
★★★	quelque part	副・句	p.43
★	quelques	形	p.123

★	question	名女	p.126
★	qui	疑代	p.127
★★★	quitter	動	p.43
★	quoi	疑代	p.127

R

★★	racisme	名男	p.113
★★	raconter	動	p.128
★	radio	名女	p.50
★★	raisin	名男	p.23
★	raison	名女	p.110
★★	ranger	動	p.52
★★	rapide	形	p.41
★★	raquette	名女	p.17
★★★	rare	形	p.120
★★★	rarement	副	p.120
★★	rasoir	名男	p.58
★★	rater	動	p.95
★★★	rayon	名男	p.54
★★★	réception	名女	p.55
★	recevoir	動	p.98
★★★	réchauffer	動	p.30
★★★	rectangle	名男	p.66
★★★	reçu	名男	p.102
★★★	reculer	動	p.42
★★	rédiger	動	p.94
★	réduction	名女	p.104
★	réfléchir	動	p.80
★	réflexion	名女	p.80
★★	réfrigérateur	名男	p.53
★★	refuser	動	p.88
★	regarder	動	p.14
★	régime	名男	p.75
★★	région	名女	p.46
★★	règle	名女	p.100
★★	règlement	名男	p.100
★	regretter	動	p.81
★★	régulièrement	副	p.119
★★★	reine	名女	p.114
★★	relation	名女	p.11
★★★	religieux, religieuse	形	p.6
★★	remarque	名女	p.94
★★★	remboursement	名男	p.108
★★	rembourser	動	p.106
★	remercier	動	p.126
★	remplir	動	p.98
★★★	rencontre	名女	p.12
★★★	rencontrer	動	p.12
★	rendez-vous	名男	p.104
★★★	renseignement	名男	p.102
★	rentrer	動	p.86
★★★	réparation	名女	p.90
★★★	réparer	動	p.90
★	repas	名男	p.27
★	répéter	動	p.92
★	répondre	動	p.126
★	réponse	名女	p.126
★★★	reprendre	動	p.109
★★	république	名女	p.112
★★★	requin	名男	p.36
★★	réservation	名女	p.17
★★	réserver	動	p.17
★★	résidence	名女	p.52
★★	respect	名男	p.82
★★★	responsabilité	名女	p.108
★★	responsable	形	p.106
★★★	ressembler	動	p.12
★	ressentir	動	p.80
★	restaurant	名男	p.45
★★	rester	動	p.88
★★	résultat	名男	p.105
★★	retard	名男	p.41
★★★	retirer	動	p.102
★★★	retraite	名女	p.108
★	réunion	名女	p.105
★★	réussir	動	p.95

**	réussite	名女	p.95
**	revenir	動	p.88
***	révision	名女	p.96
*	révolution	名女	p.110
*	revue	名女	p.56
*	rez-de-chaussée	名男	p.50
*	rhume	名男	p.74
*	riche	形	p.111
*	rien	代名	p.123
**	rire	動	p.83
***	rivière	名女	p.36
**	riz	名男	p.22
*	robe	名女	p.62
***	roi	名男	p.114
*	rôle	名男	p.105
***	rond(e)	形	p.66
***	rose	形	p.66
***	roue	名女	p.42
*	rouge	形	p.63
**	route	名女	p.40
*	rue	名女	p.44
**	rural(e)	形	p.34
*	russe	形	p.2

S

***	sable	名男	p.36
*	sac	名男	p.62
*	sac à dos	名男	p.62
**	sage	形	p.70
*	saison	名女	p.33
*	salade	名女	p.20
**	salarié(e)	名	p.106
*	sale	形	p.56
*	salé(e)	形	p.26
*	salle	名女	p.50
*	salle de bain	名女	p.51
*	Salut.	あいさつ	p.126
*	samedi	名男	p.116
**	s'amuser	動	p.16
***	sang	名男	p.72
*	santé	名女	p.75
***	s'apercevoir	動	p.84
**	sapin	名男	p.34
***	s'appeler	動	p.12
***	s'approcher	動	p.42
***	sarrasin	名男	p.24
***	s'arrêter	動	p.42
**	s'asseoir	動	p.89
**	saucisson	名男	p.22
*	saumon	名男	p.20
**	sauvage	形	p.35
**	sauver	動	p.76
*	savoir	動	p.92
*	savon	名男	p.56
**	science	名女	p.94
**	scientifique	形	p.94
***	se balader	動	p.18
**	se brosser les dents	動	p.58
**	se brûler	動	p.77
*	se casser	動	p.74
**	se coiffer	動	p.88
*	se coucher	動	p.87
**	se débrouiller	動	p.88
**	se disputer	動	p.128
**	se doucher	動	p.88
**	se laver	動	p.88
*	se lever	動	p.86
***	se moquer	動	p.130
***	se présenter	動	p.12
**	se promener	動	p.16
***	se rappeler	動	p.85
**	se raser	動	p.58
***	se régaler	動	p.30
*	se reposer	動	p.87
*	se réveiller	動	p.86
**	se séparer	動	p.10

★★★	se souvenir	動	p.85	★	s'inscrire	動	p.98
★★★	se taire	動	p.90	★★★	s'installer	動	p.54
★★	se trouver	動	p.41	★★★	s'intéresser	動	p.18
★★	seau	名男	p.58	★★	sirop	名男	p.77
★	sec, sèche	形	p.32	★★	situation de famille	名女	p.10
★★★	secondaire	名男	p.97	★	ski	名男	p.14
★★	seconde	名女	p.118	★★	slip	名男	p.64
★★	secours	名男	p.76	★	s'occuper	動	p.76
★	secrétaire	名	p.3	★	social(e)	形	p.111
★★★	séjour	名男	p.18	★	société	名女	p.111
★	sel	名男	p.26	★	sœur	名女	p.8
★	semaine	名女	p.116	★★	soie	名女	p.65
★	sembler	動	p.80	★	soif	名女	p.75
★★★	sens unique	名男	p.48	★★	soigner	動	p.76
★	sensible	形	p.74	★★	soin	名男	p.76
★★	s'entendre bien	成句	p.128	★	soir	名男	p.117
★★	sentiment	名男	p.82	★★	soirée	名女	p.118
★	sentir	動	p.75	★★	solde	名男	p.64
★	septembre	名男	p.116	★★★	sole	名女	p.24
★★★	serré(e)	形	p.66	★	soleil	名男	p.32
★★	serveur, serveuse	名	p.4	★	solidarité	名女	p.113
★★	service	名男	p.100	★★★	solide	形	p.66
★	serviette	名女	p.56	★★	sombre	形	p.65
★★	servir	動	p.28	★	sommeil	名男	p.75
★★	sévère	形	p.71	★★	sommet	名男	p.34
★★★	sexe	名男	p.6	★★★	son	名男	p.96
★	s'habiller	動	p.86	★★★	sondage	名男	p.114
★★	shampooing	名男	p.58	★★★	sonner	動	p.90
★★	si	接	p.129	★	sorbet	名男	p.21
★★★	siècle	名男	p.120	★★★	sorte	名女	p.60
★	signature	名女	p.98	★★	sortie	名女	p.52
★★★	signe	名男	p.130	★★	sortir	動	p.52
★	signer	動	p.98	★	souffrir	動	p.75
★★★	silence	名男	p.55	★	souhaiter	動	p.80
★★	silencieux, silencieuse	形	p.71	★★	souligner	動	p.100
★★★	singulier	名男	p.96	★★	soupe	名女	p.28
★★★	sinon	接	p.130	★★★	souple	形	p.60
★	s'inquiéter	動	p.81	★★★	sourd(e)	形	p.72

**	souriant(e)	形	p.70
*	sous	前置詞	p.51
***	sous-titré(e)	形	p.19
**	sous-vêtement	名男	p.64
**	soutien-gorge	名男	p.64
**	souvent	副	p.119
***	sparadrap	名男	p.78
***	spécialité	名女	p.30
**	spectacle	名男	p.16
**	spectateur, spectatrice	名	p.16
*	sport	名男	p.14
**	sportif, sportive	形	p.70
***	stable	形	p.114
**	stade	名男	p.46
*	stage	名男	p.104
**	stagiaire	名	p.106
*	station	名女	p.44
*	studio	名男	p.50
***	styliste	名	p.6
*	stylo	名男	p.56
**	succès	名男	p.95
*	sucre	名男	p.26
*	sucré(e)	形	p.26
**	suffire	動	p.124
**	suffisant(e)	形	p.124
*	suisse	形	p.2
**	suivant(e)	形	p.118
***	suivre	動	p.43
***	supérieur(e)	名	p.108
*	supermarché	名男	p.44
**	supplément	名男	p.106
*	sur	前置詞	p.51
***	surgelé(e)	形	p.30
***	surprenant(e)	形	p.84
**	surprise	名女	p.82
**	sympathique	形	p.70
***	synagogue	名女	p.48
***	syndicat	名男	p.108

T

**	tabac	名男	p.46
*	table	名女	p.27
**	taille	名女	p.64
***	talent	名男	p.108
**	tante	名女	p.10
**	taper	動	p.89
*	tard	副	p.117
*	tarif	名男	p.104
*	tasse	名女	p.27
**	taxi	名男	p.40
**	technicien, technicienne	名	p.5
**	télécharger	動	p.89
*	téléphoner	動	p.126
*	télévision	名女	p.86
*	température	名女	p.32
***	temple	名男	p.48
*	temps	名男	p.32
**	tendance	名女	p.112
***	tendre	動	p.73
***	tenir	動	p.90
*	tennis	名男	p.14
*	terminer	動	p.86
***	terminus	名男	p.42
***	terrain	名男	p.18
***	terrasse	名女	p.48
***	terre	名女	p.36
***	terrible	形	p.84
*	tête	名女	p.68
**	thaïlandais(e)	形	p.4
*	thé	名男	p.26
**	théâtre	名男	p.16
*	thon	名男	p.20
**	ticket	名男	p.40
*	timbre	名男	p.56
**	timide	形	p.71
**	tirer	動	p.88
***	tissu	名男	p.60

★	toilettes	名女複	p.51
★★	tolérance	名女	p.112
★	tôt	副	p.117
★★	toucher	動	p.83
★★	toujours	副	p.119
★★	tourisme	名男	p.16
★★	touriste	名	p.16
★	tourner	動	p.38
★	tous	代名	p.124
★	tousser	動	p.74
★	tout	代名	p.124
★★	tout à l'heure	成句	p.118
★★	tout de suite	成句	p.119
★★	traduire	動	p.128
★★★	tragique	形	p.84
★	train	名男	p.39
★★★	traiteur	名男	p.48
★★	tram	名男	p.41
★★★	tranche	名女	p.30
★	travail	名男	p.86
★	travailler	動	p.86
★	traverser	動	p.38
	tremblement de terre	名男	p.33
★	très	副	p.122
★★★	triangle	名男	p.66
★	triste	形	p.80
★★	tristesse	名女	p.82
★	trop	副	p.122
★	trouver	動	p.45
★★	T-shirt	名男	p.64
★★	tube	名男	p.77
★	typhon	名男	p.33

U

★	un peu	成句	p.122
★★★	universel, universelle	形	p.114
★	université	名女	p.44
★★	urbain(e)	形	p.47

★	urgence	名女	p.74
★★	urgent(e)	形	p.100
★★★	usine	名女	p.48
★	utile	形	p.56
★	utiliser	動	p.56

V

	vacances	名女複	p.14
★★	vaccin	名男	p.77
★★	vache	名女	p.35
★★★	valable	形	p.102
★★★	validité	名女	p.102
★★	valise	名女	p.41
★★	veau	名男	p.22
★★	veille	名女	p.118
★	vélo	名男	p.39
	vendeur, vendeuse	名	p.4
★	vendre	動	p.88
★	vendredi	名男	p.116
★	venir	動	p.38
★	vent	名男	p.32
★★★	vente	名女	p.108
	ventre	名男	p.68
★★	vérifier	動	p.100
★★	vérité	名女	p.112
★	verre	名男	p.27
★★★	verser	動	p.108
★	vert(e)	形	p.63
★	veste	名女	p.62
★★★	vestiaire	名男	p.55
★	vêtements	名男複	p.62
★	veuf, veuve	形	p.10
★	viande	名女	p.20
★	victime	名女	p.33
★	vide	形	p.122
★★★	vider	動	p.90
★★	vietnamien, vietnamienne	形	p.4
★★	vieux (vieil), vieille	形	p.47

★★★ vif, vive	形	p.66
★ village	名男	p.44
★ ville	名女	p.44
★ vin	名男	p.26
★★ vinaigre	名男	p.28
★★ violence	名女	p.113
★ violent(e)	形	p.33
★ violon	名男	p.14
★★ virement	名男	p.107
★★★ virgule	名女	p.96
★★★ visa	名男	p.102
★ visage	名男	p.68
★★ visible	形	p.112
★★ visite	名女	p.76
★ visiter	動	p.15
★ vite	副	p.38
★★ vivant(e)	形	p.47
★★ vivre	動	p.58
★ vocabulaire	名男	p.92
★★ voie	名女	p.41
★ voir	動	p.15
★★★ voisin(e)	名	p.54
★ voiture	名女	p.39
★★★ voix	名女	p.72
★★ vol	名男	p.40
★★★ volant	名男	p.42
★★★ vote	名男	p.114
★ voter	動	p.110
★ vouloir	動	p.80
★ voyage	名男	p.15
★ voyager	動	p.15
★★ voyageur, voyageuse	名	p.40
★ vrai(e)	形	p.93

W

★ W.-C.	名男複	p.51
★ week-end	名男	p.117

Y

★ yaourt	名男	p.21

本書の語彙は、以下を参考にしています。

Beacco, J-Cl. *et al. Les référentiels, Niveau A1 pour le français*, Paris : Didier, 2007.
Beacco, J-Cl. et al. *Un Référentiel, Niveau A2 pour le français*, Paris : Didier, 2008.

コフレ フランス語基礎単語集

検印省略	©2019 年 1 月 31 日　初版発行
	2025 年 1 月 31 日　第 2 刷発行

編著者	杉山　香織
	野澤　　督
	姫田麻利子
校　閲	Georges VEYSSIÈRE
イラスト	嶋津　まみ
発行者	原　　雅久
発行所	株式会社 朝 日 出 版 社

〒101-0065 東京都千代田区西神田 3-3-5
電話　東京　(03) 3239-0271
FAX　東京　(03) 3239-0479
振替口座　00140-2-46008
https://www.asahipress.com/

組版・メディアアート／製版・TOPPAN クロレ

乱丁・落丁本はお取り替えいたします。
ISBN 978-4-255-35301-2

本書の一部あるいは全部を無断で複写複製（撮影・デジタル化を含む）及び転載することは、法律上で認められた場合を除き、禁じられています。